ディープ・イノベーション

―起業工学が開く人類の新たな地平―

編著 加納剛太

〔著者〕

CARLOS ARAUJO

古池 進

椎橋 章夫

ディープ・イノベーション

——起業工学が開く人類の新たな地平——

目次

序章 「ディープ・イノベーション」とは何か

カルロス・アラウジョ

イノベーションは陳腐化する

「アイデアはすべての源泉である」プラトン

『The Politics of Innovation ― Why Some Countries Are Better Than Others in Science and Technology』の著者であるマーク・Z・テイラーは、歴史的事実として、「どのようなイノベーションであれ、それが永続した例はない」と断言している。人類史に革命的な影響をもたらすようなイノベーションであっても、その影響が社会全体にくまなく浸透してしまうと、次第にコモディティ化して当たり前のものになってしまうということだ。

実例を見るならば、世界の歴史をひもといてみればよい。現在イノベーションのリーダーである国、かつてその地位にあった国、これからの発展によってはイノベーションのリーダーになれるかもしれない国など世界地図にはいろいろな国があるが、はっきりしているのは、それらの地位が永続するものではないということだ。歴史上のある時期に創造的であった国が、長くその状態を維持できないことは、誰もが知る事実なのである。

科学技術や芸術、政治、経済などどの分野においても、ひとつの国が高いレベルのイノベーションを維持し続けることは簡単ではない。そもそも、イノベーションとはいったん成し遂げたらその地位に安閑としていられるような種類のものではないのだ。たとえ特許で保護されていても、有効期限が切れればふたたび自由競争にさらされる。イノベーションとは、いったんスイッチを入れれば永遠に灯り続ける明かりではなく、自動車エンジンのスパークプラグのように、間断なく火花を発し続けなければならない人類社会の推進力なのである。

したがって、私たちはイノベーションを進めていく努力を放棄することは許されない。逆に見れば、私たちがホモ・サピエンスであることの証こそが、次々と生み出されるイノベーションであるともいえる。

世界の多くの国が、経済的、政治的、あるいは軍事的な理由で、科学技術におけるリーダーシップを取りたいと熱望している。イノベーションのリーダーになれば富や力が得られ、欲求がかなえられると信じているからだ。そしてそれは悲しいことに、しばしば紛争や戦争の原因になることもある。

そうした歴史の過程から私たちは学び続け、その結果としてイノベーションの中身だけでなく、そのあり方をも進化させてきた。今日見られる「クラスタリング（複数のものを組み合わせて一体とすること）」や「ネットワーキング」という手法は、企業間や国家間の繋がりと役割を大きく変化させようとしている。

イノベーションの重要なプレーヤーは、発明家（インベンター）と起業家（アントレプレナー）である。とりわけ新技術をベースに彗星のごとく登場してくるアントレプレナーには注目が集まりやすい。革新的な発明や発見に続くパラダイムシフトは、基本的に保守的な大企業よりも、一匹狼的で冒険家の性格を持つアントレプレナーたちの得意とするところだからだ。今日では特にＩＴ産業とその周辺で、その代表者たちが大量に見つかる。

イノベーションは従来、その背景にある文化と切り離すことができないものとされてきた。社会的背景や産業構造が重要な要素だったからである。しかしながら、今日においては状況が異なってきている。インターネットにより大量の情報や知識が瞬時に伝えられ、拡散されるグローバルなカルチャーにおいては、地域的な要素の重要度が薄まる。そしてこれまでのイノベーションに代わり、より高度でより深い、本質的なイノベーションが誕生しようとしている。

「ディープ・イノベーション」の誕生

「ディープ・イノベーション」は、インターネット時代の新しいイノベーションの概念である。「より高度でより深い、もっと本質的なイノベーション」を意味するものであり、国境を越えて知識や市場を創造することにおいて、勝者になるか敗者になるかを決める要素となる。したがって、それらを創出し、維持し、育成するための戦略を生むために、「ディープ・イノベーション」の考え方を知ることはきわめて重要である。

この「ディープ・イノベーション」という課題を議論するタイミングとして、今は一番適切な時である。なぜなら現代の人類は、地球の温暖化、資本主義の行き詰まり、AI（人工知能）がもたらす社会変化といった大きな、そして簡単には解決できない問題に直面しているからである。

この地球レベルの大きな課題を前に、科学技術におけるリーダーシップを発揮することの意義は極めて大きい。人類の近代史において、科学技術はイノベーションの尖兵を務めてきたからだ。しかし、すべての責務を科学技術の発展にだけ負わせて、あとは待つばかりという態度ではいけない。科学技術は魔法ではなく、常に何かを得れば何かを失うという論理の上に立っているからだ。

したがって私たちは科学技術のブレークスルーを待つ一方で、世界経済を再定義し、人々のQOL（生活の質）について新たな基準を考える必要があるだろう。この二つは、新しい科学技術が世の中を変えていく時の重要な要素となりうるからである。

一国の経済は、イノベーションがその国の「外」で成し遂げられるのか、はたまた「内」で成し遂げられるのかで大きく左右される。傍観者の立場か、当事者の立場かということだ。イノベーションの傍観者はその時代を創造するリーダーになることはできず、消費者として経済に寄与するのみである。当事者であれば、生産者、消費者のどちらの立場もとることができ、プレーヤーとして時代の変革に参加する資格が得られる。

そして前述したように、これからの時代の「ディープ・イノベーション」は、インターネットに接続されたグローバルなカルチャーから生まれてくるのであるから、プレーヤーは「どこにいるか」よりも「何を共有しているか」が問われる。つまり、世界規模でチャンスが公平化しつつあるわけだ。

国境を越えたインターネットが科学技術を推進する動きは、人類社会に良いＱＯＬを創出するための重要な過程である。これから世界はどのように動いていくのか、それを知るためには少し前の過去を研究することが必要だ。日本はその良い事例である。

繁栄と衰退、そして未来

一九五〇年、すなわち第二次世界大戦で焦土と化してから五年後の日本は、まだ世界で目立った存在ではなかった。しかし二〇年後の一九七〇年代には、繊維、造船、鉄鋼、自動車、電子工業などの分野で科学技術の力強いリーダーとなり、産業としての繁栄を謳歌するに至った。

一九七八年までに、日立、ＮＥＣ、東芝などの大手企業は、半導体メモリーの分野で世界を支配する技術を確立し、世界の五〇％のシェアを半導体デバイスおよび製造装置の分野で占めることなった。

一九八〇年代後半になると、日本人の国民一人当たりGDPはアメリカを抜き、東京都中心部の土地価格だけでアメリカ全土が買えるという土地の高騰が起きた。ピーク時には日本全国の土地価格合計が、アメリカ全土のそれの四倍であったという。

その後、一九九二年にバブル経済の崩壊が起きる。日本経済の繁栄は影を潜め、日本は衰退への道のりをたどり始めた。今、本書を書いているこの時期に、東芝はメモリ事業からの撤退を表明した。そして、日本に代わって台湾が世界の半導体チップの三分の二を占めるようになった。

二〇一七年現在、世界の主要国はみな株価の最高値を更新している。先進国のみならず、韓国、トルコも同様だ。だが日本の株式市場は一九八九年に記録した三万八九五七円にほど遠い水準で推移している。「失われた二〇年（三〇年という説もある）」という言葉が定着し、日本に再び日が昇る日は来ないのではないかという悲観論が蔓延している。

ある国の経済が衰退していくと、ローカルなQOLは苦しくなり、それが原因でさらなる変化が起こる。米国の産業界では、この三〇年間に仕事の量が著しく減少した結果、国際連携主義が勢いを失い、独立分離主義が台頭してきた。これがトランプ政権誕生の遠因である。

このような出来事は、今後一五年の間にすべての先進国にもたらされる課題である。ローカルなQOLが低下することによる政治的変化は、どの国にも起こりうるのだ。それに加えて各種のメディアで報道されているように、ＡＩ（人工知能）は世界規模で、今後すべての仕事の五七％をリスクにさらすといわれている。単純労働から順に、ロボットが人間の仕事を奪っていくという話である。

その件に関してビル・ゲイツは最近、「人間から仕事を奪い取るロボットは税金を払うべきだ」と発言した。ロボットが生産性を高めるだけで賃金に貢献しないということになると、政府が財政的に困ったことになるからだ。

また、テスラとスペースＸのＣＥＯであるイーロン・マスクは、「仕事を見つけることができない人たちに対して、政府は共通の均一賃金を支払うべきだ」と言っている。いわゆる「ベーシック・インカム」を導入せよという意見である。

高度にロボット化された社会では、繁栄と生産性は同義であるといわれる。ロボットによる生産で社会が繁栄するのなら、人間が働く必要はないのかもしれない。「仕事はロボットのためにあり、人間は生命を謳歌するために生きる」ということである。

第二次世界大戦後の世界では、戦争によってもたらされた社会の荒廃から脱出するために、経済発展すなわち生産量、生産性などによって測られるＧＤＰという指標に注目が払われてきた。しかし、インターネットが世界を覆い尽くし、ＡＩが社会を根本から変えようとしている時代には、新しい指標が必要であろう。

これまで、先進国のように高度な経済成長を実現している国では、経済成長がすべての前提であり、教育は仕事の生産性を高めるためにあった。だが、これからの教育は、QOLを高めるためのものでなければならない。そのように視点を移していかなければ、時代の大きな過渡期において舵取りを誤ることになるだろう。

AIとIoTの時代のイノベーションとは

現在、ひとつの国が世界経済に寄与・貢献していくための原動力は、変化やイノベーションへの機敏な対応能力である。そのような機敏さは、国の科学技術におけるリーダーシップと文化を源泉として作られる。そして、世界に共通する人間性そのものが最大の原動力であることは論をまたない。

「ディープ・イノベーション」の「ディープ」とは、技術とビジネスの相互関係において、現代のビジネスの基本となるあらゆる要素を奥深く思考し、潜航していくことを意味する。

したがって、「ディープ・イノベーション」という言葉は、社会を全体としてとらえ、知識や事象を奥深く思考し、潜航しながら大きな改革を進めていこうというものである。それは、小手先のビジネスモデルやちょっとした新しい技術で何か価値を創り出していこうという、俗な意味でのイノベーションではなく、真に世界や、社会を根底から変革する新しい「うねり」を生み出すことに対して定義されたものである。

本書では、現代の状況を踏まえて、創造とイノベーションを未来に向けて生み出していくための考え方や方策を示していきたい。世界は変化し、新しい世界が生まれようとしている。過去の産業、企業の在り方では、もはや国の成長を維持し発展させていくことはできない。

とりわけ本書では、社会のあらゆるレベルで起こるといわれる「超自動化」の時代、いわゆる「シンギュラリティ」の時代である「第四次産業革命」に目を向けて議論を進めていく。

この改革への背景となる「ＩｏＴ（Internet of Things）＝すべてがインターネットにつながる時代」への対応はそのひとつである。それは社会を簡素化させ、新しい仕事を創り出すことになる良い機会かもしれない。

この新しい時代への動きはすでに始まりつつあり、社会の変革に兆しが見えてきている。スマート都市、新しい健康システム、環境利用の新しい方法、交通手段における革命などは、その例である。一方、インターネット時代の初期のころに見られた起業家活動の大きな流れに比べると、これらの新しい兆しは、より完成度の高い、ある意味では保守的な変化ということになるかもしれない。

同時に、大きな動きを伴うＡＩの導入は、既存社会に大きな歪みを生み出していくかもしれない。

モノやサービスを創り出す構造が雇用を生み出すものでなかったらどうなるのか。労働者から顧客へ、またその逆への現金のスムーズな流れを創り出せない経済が考えられるだろうか。そのとき、資本はどのような流れになるのだろうか。

もし、ＡＩやＩｏＴによってすべてが満たされるようになるとしたら、社会ニーズに対応できる新しいアイデアは出てくるのだろうか。

そして、人間の未来はどうなるのだろうか。

イノベーションの発生には、人間性という基本的な要素がある。人間はあらゆる形で知識をどん欲に求める。それは自然の中の真理だけではなく、歴史を通して知りえた知識とあらゆる経験を通して体得した知識の中で生まれるものである。イノベーションの背景にあるトレンドや変革、そしてより多くの知識やその応用を探求することは、すべての人類の課題である。

この「知識の応用」こそが、最も基本的に求められるアントレプレナーへの道であるが、それに先立って求められるのは「知識そのものの創出」である。

その知識創出にエネルギーを注ぐことこそが「ディープ・イノベーション」のアプローチである。そのような知識統合の過程やその知識の応用にあたって、人間性という要素が重要な価値を持って存在する。

ＡＩはより多くの知識を探求するための道具であって、決して人間が頭を休め、もう考えることをやめるための枕ではない。これからの時代、人間は「ディープ・イノベーション」に向かってさらに頭に汗をかく必要があるのだ。

本書の概要

本書の最初の三つの章では、「真のイノベーションとは何か」という課題に関して、これまでにないオリジナルな知見と見識をもって、実践に裏付けられた深い考察がなされている。特に、人間性という世界に共通する視点から論じられる考察は意義が深い。

第一章は、イノベーションの定義を再確認するとともに、「ニーズ」「シーズ」「アーキテクチャー」というイノベーションの三大要素について事例を交えながら解説する。

第二章は、近代史における劇的な変革をコンドラチェフ波動として捉え、その背景を吟味する。特に世界で起こっている、経済、社会、政治の劇的な変化について考察を加え、技術進歩に関するイノベーションやその安定性などについての議論を展開する。そして日本の強みと弱みについて、「伝統から未来へ」という視点から論じる。世界で最も多くの長寿命企業を有する日本にどのような秘密があるのか、その秘密は現代の最先端企業でも応用可能なのかという問題についての考察も加える。

第三章はイノベーションが会社経営のすべての分野において必要であるということを、「倫理経営」というやや耳慣れない概念と絡めて解説する。次のパラダイムシフトがどのようなものであるかを予想し、困難な時代を乗り切る次世代型リーダーの姿についても考察を加える。

第四章では、巨大なインフラのイノベーションおよびそれによる社会構造変革に関する事例としてSUICA・ICカードシステムの開発実用化の事例を紹介する。このシステムの一部には、私の開発した「強誘電体メモリー（FeRAM）」も一役買っている。

第五章では、IoT時代に向けて研究開発された新しい量子メモリーを紹介する。この新しいメモリーはポストCMOS時代への変革の主役となる量子化を基本とするデバイスであり、ARM社と私の経営するシンメトリックス社との協働のもと、グローバルな協力体制の下で商業化がなされたものである。

これは、二〇年前にSUICAシステム開発に際して、パナソニック社とシンメトリックス社の協働で商業化を成し遂げたFeRAMの開発商品化の事例のときと同じイノベーション実践の方式である。

この世界補完協業方式のイノベーション実践体制については、「起業工学」という新しい概念で、第六章に記されている。この概念を最初に提唱したのは、本書の監修者である加納剛太であり、コンセプト構築にあたっての原点は、今から三〇年前にパナソニック社とシンメトリックス社とが行った協業に端を発するものである。

そして第七章では、さらなる未来に向けての提言を三人の著者が共同で執筆している。最後にまとめの章として、終章を置いた。

二一世紀への変革に向けた未来への挑戦に本書の内容が貢献できるだろうか、その答えは「イエス」である。われわれは本書がその役割を果たすことを信じ、この知見と自信を世に訴えることを目的としたい。

第一章　真のイノベーション経営とは

古池　進

日本を覆う悲観論

今、日本全土をどんよりとした悲観の雲が覆っている。果てしなく広がる分厚い雲は、若者から老人までの日本人に心理的な影を落としている。

「未来など信じられない。将来が今より良くなるなどとは思えない」

そんな内向き、後ろ向きの心理が、日本人の意欲を削ぎ、消費にブレーキをかけているのだ。

では、その「雲」はいつから、どこからやってきたのか。そしてこの雲が吹き払われる日は来るのだろうか。

「いつから」という問いには、こう答えられる。一九九〇年代、バブルが崩壊してからだと。いや、正確に言えばバブル絶頂期のころ、すでに雲は地平線の彼方から湧き出してきていた。バブル経済に踊る人々に、その存在が見えていなかっただけだ。

「どこから」という問いの答えは、「日本からイノベーションのエネルギーが失せてから」だ。本章で詳しく論じるが、イノベーションは資源のない島国に住むわれわれ日本人にとって、決して失ってはならないエネルギー源である。正確に言えば、「イノベーションの本道を外れて突き進んでしまったために、日本は袋小路に入ってしまった」ということになる。

したがって、この雲を吹き払う方法はただひとつ、日本人が正しいイノベーションの道を取り戻し、産業の中心にそれを据えることである。それは単にひとつやふたつの新しい「発明」を求めることではない。企業経営のやり方そのものを「イノベーション経営」に変えてしまうくらいの荒療治をしなければ、日本人が迷い込んだ混迷の世界からは戻れない。

いつの日からか、日本人は老いも若きも「明日」を信じなくなった。夜になり、朝になれば日付は新しくなるが、「明日が今日より必ず良くなる」などと信じている人間は、この日本では少数派なのである。

だが経済が二桁成長をしている途上国では違う。老いも若きも「明日」を信じて宵越しの銭を持たない。だから経済は激しく回り、出生率は高くなる。今の日本は少子化がさらに将来を暗いものにしているが、その原因は若者たちが明日に希望を持っていないからだ。

このままでは多くの識者が指摘するように、国民年金は破綻し、国民健康保険も有名無実化していくだろう。国民全体が「将来は暗い」と心で呪文を唱えているために、本当にそんな未来が招き寄せられてしまうのだ。方向転換するのは今しかない。まず多くの経済人、企業人が真のイノベーションに目覚め、イノベーション経営に舵を切るべきだ。本書はそのための案内書となることを目指している。

真のイノベーションを目指して

本書のタイトル「ディープ・イノベーション」は、序章でカルロスが述べたように、「真のイノベーション」を意味している。われわれの先人たちが不覚にも「技術革新」と誤訳してしまったために、日本中の経営者が誤解、誤認している「イノベーション」の真の姿を説き、本当の意味でのイノベーションを目指して欲しいという本書の執筆チーム全員の願いが込められたタイトルである。

「ディープ」とはご存じのとおり「深い」「埋没した」「遠い」「隠れた」といった意味を持つ英語である。当初われわれは本書のタイトルを「ディープ・ダイビング・イノベーション」と仮に名付けていた。イノベーションの本場アメリカに住むカルロスが、最近流行っている言葉として紹介してくれたからである。「深く潜って新しい本質を創造する」。なんと素敵な言葉だろうと、みな熱狂した。

だが、しばらくたってから考え直してみた。わざわざ潜らなくても、「深いところにある本物」で意味が通じるのではないかと思ったのである。それに、日本語の書籍としては、あまり長いカタカナのタイトルは歓迎されないかもしれない。

こうして本書は「ディープ・イノベーション」となった。

私は本章と後に続く第二章、第三章を担当する。本章では真のイノベーションというものを解説し、次に少し俯瞰してイノベーションが何を意味するのか、なぜ必要なのかを説いていく。第二章ではイノベーションの歴史をたどり、わが国におけるイノベーション史もひもといていく。そして私が担当する最後の章になる第三章では、IT世界におけるイノベーションの話題にふれながら、私自身の経営体験を材料に、イノベーション経営の必要性を述べたい。

続く第四章は、日本におけるイノベーションの大成功例である「スイカ」の事例を、生みの親である椎橋さんに語っていただく。第五章はそのスイカにも採用された新デバイスを開発し、さらにその次のイノベーションをなしとげつつあるカルロスが、実体験からみた真のイノベーションをお伝えする。第六章は、監修者であり私の古い盟友である加納さんが、みずから提唱した「起業工学」の知見からディープ・イノベーションを解説する。

そして本稿を執筆している最中に、カルロスから「第七章を加えたい」との申し出があった。間違いなく最新のホットテーマである「スマートシティ」に向かうイノベーションを解説しておきたいという意図である。もちろん、私や加納さんに異論のあろうはずもない。

なお、蛇足ながら本書の前に刊行されている『起業工学〜新規事業を生み出す経営力』（幻冬舎ルネッサンス）、『日本復活の鍵　起業工学』（冨山房インターナショナル）を参照いただくと、本書の理解が早いかもしれない。

イノベーションの定義

さて、前置きはこれくらいにしてそろそろ本題に入ろう。

今日われわれが当たり前のように使っている「イノベーション」という言葉だが、最初に登場したのは産業革命のころである。世の中の有様が怒濤のように変化していくのを目の当たりにした人々が口にしたのだと思われるが、学問的にこれを定着させたのは、J・A・シュンペーターである。

シュンペーターは経済発展の根本現象として企業者・革新を理論の基礎に据え、世間がそれを認めたことで「イノベーション」は経済学の用語となった。

ただ注目しなくてはならないのは、シュンペーターは最初から「イノベーション」を使ったのではないことだ。はじめ、彼は「新結合（neue Kombination）」という言葉でイノベーションの概念を説明している。生産要素の結合の仕方によって生まれる新機軸が、新商品の開発や新しい生産方式の導入、新市場の開拓などを生み出すとしたのだ。

そうして導入された「イノベーション」に対して、シュンペーターは一九一一年に次のような定義を与えた。

「顧客満足度の飛躍的向上」

「その活動を通して社会の変革を起こす」

今日、日本では多くの本が「イノベーション」を「技術革新」と条件反射的に解説している。しかしシュンペーターの定義はどこにも「技術」という言葉は使われていない。それ以前の「新結合」にしても、すべての生産要素に対して新しい結合の組合せがあり得ると言っているだけで、技術革新はイノベーションの必要十分条件ではないのである。

シュンペーターの定義をもう一度見てみよう。

「顧客満足度の飛躍的向上」とは、「ニーズ」の話だ。市場のニーズを汲み取り、それに最適解を与え、顧客を満足させ、市場占有率を上げる。そしてそれが社会を変えるというのである。

これを素直に読み解けば、イノベーションは企業活動に携わるすべての部門が行わなければならないことがわかる。ライバルに先んじて市場のニーズに応えるためには、企業が全力で取り組む必要があるからだ。

しかしながら、多くの日本企業はイノベーションを技術開発部門に押しつけている。「より高性能で多機能な製品を他社より早く安く作れ」とはっぱをかけ、そこで生まれた新製品をイノベーションだと自慢する。だがそれは「シーズ」の話である。

ニーズとシーズ

「ニーズ」とは顧客の要望である。市場が求めるものと言い換えることもできる。

一方、「シーズ」は企業が新しく提供する特別の技術や新しい材料のことである。このニーズとシーズの両方が揃うと、理想的な新製品開発となる。顧客が「不便で危険な灯油ランタンの代わりに、安全で便利な明かりがほしい」と思っているところにエジソンが電球を発明したのである。すでに蛍光灯やＬＥＤ照明が普及している社会で電球を発明しても、爆発的ヒットにはならないだろう。

だが日本企業は長らく、シーズ優先型の活動を続けてきた。それはイノベーションが技術開発部門のみの担当であると思い込んできたことと無縁ではない。

「イノベーション」を「技術革新」と誤訳したのは、一九八五年の『経済白書』である。シュンペーターの定義を吟味しようとせず、表層的な理解から生まれた訳であると思われる。しかしこの誤訳の罪は重い。今日の日本を覆っている悲観的な雲を呼び寄せたのは、まさにこの誤訳であるからだ。

これを鵜呑みにした官僚や大企業トップは、口を揃えて「これからはイノベーションが大事だ。

だから技術開発への投資は欠かせない」と言った。企業の全部門が協調して行わなければならないはずのイノベーションを、技術開発部門だけに押しつけてしまったのだ。

その結果、大企業の技術開発部門は、ニーズから乖離《かいり》したシーズを次々と生み出していく。それがひいては日本製品のガラパゴス化を招き、企業の舵取りを誤らせていく。

政治家や官僚は誤った定義の「イノベーション」を叫び、本質的な議論を忘れて表層的な目先の議論に目を向けてしまう。大学の先生や公共研究機関の研究者は、結果ばかりを求めて稚拙な技術を飾り立て、予算を獲得しようとする。彼らの興味はシーズ研究であり、ニーズではない。なぜなら、重箱の隅を突ついて些細なシーズを掘り起こせば、簡単に論文が書けるからだ。

興味深いのは、本来イノベーションの両輪であるはずのニーズとシーズだが、ニーズが欠けると車は走れないのに、シーズが欠けても車は走れてしまうことだ。

具体的な例を示そう。ソニーが一世を風靡したウォークマンの初代機では、新規開発された部品はその後世界のデファクト・スタンダードとなるステレオミニプラグのみであった。標準ステレオプラグを小型化するというシーズのみで、画期的なイノベーションが成し遂げられたのである。それを導いたのは、盛田昭夫という非凡な経営者であった。彼は井深大が作らせた試作機を試聴した瞬間に、直感でニーズを理解したのだ。

もうひとつの例は、今さら例に引くまでもないｉＰｈｏｎｅである。アップルを巨大企業に成長させた立役者であるが、登場した当初、多くの日本メーカーの人間たちが「あんなもの、うちなら明日にでも作れる」とうそぶいた。日本企業が学ぶべきハード上の技術がほとんどないように見えたからだ。ただし、残念なことに日本のどの企業にもスティーブ・ジョブズはいなかった。

ゾウはどんな動物？

イノベーションを「技術革新」と誤訳し、技術立国こそが日本の進む道だと突進してしまったのが大きな誤りだったのだが、なぜそれが誤りなのかを簡単な例を示して説明しよう。

今ここに「ゾウ」という動物を見たことも聞いたこともない人々の集団がいるとする。彼らに伝聞のみでゾウの姿を伝えたとしたら、正しい姿がイメージできるだろうか。

「とても大きな動物です」
「灰色で、皮膚は固いです」
「鼻がとても長く、手の代わりに使います」
「牙はありますが、短いです」
「耳が大きいです」
「尻尾は細く、垂れ下がっています」

いったい何十人の報告を聞いたら、ゾウの姿が正しく理解できるだろうか。

仮に姿形をうまくイメージできたとしても、ゾウのおとなしさ、愛くるしさまでは伝わらないだろう。これがイノベーションをシーズ主導で進めるときに陥りがちな脆弱性である。部分をいくら重ねても、本質には迫れないのだ。

一方で、ディズニーが一九四一年に発表したアニメーション映画『ダンボ』を思い浮かべてみよう。戦前のアニメだが、立派にゾウの魅力を子どもたち、そして大人にも伝えることに成功している。

ショウビジネスで揉まれているディズニーは、ゾウの特徴である耳の大きさを誇張して「空飛ぶ子象」を生み出し、主人公に据えてみせた。そしてゾウの性質である親子の情愛をストーリーの主軸として物語を紡いでみせたのだ。その試みは見事に成功し、七六年経った今でも、「耳をダンボにする」といった表現が若者にも通用する。

生物学的なアプローチを用いず、荒唐無稽な「空飛ぶ子象」によってゾウの魅力を子どもたちに伝えたディズニーは、イノベーションに成功したのである。

ディズニーはゾウの本質を愛し、大きな耳を鳥の羽のように動かせば子象が飛ぶのではないかというイメージの飛躍を導入した。子どもたちはそれを望んでいるというニーズの判断でアニメ映画化し、顧客である子どもとその親たちに夢と価値を提供した。まさにイノベーションの定義の王道を歩んだのだ。

ニーズ主導からシーズ主導へ

ソニーとアップルの例をもう一度みてみよう。

ウォークマンの立役者は、ソニーの二人の創業者、井深大と盛田昭夫である。ある日、移動中の飛行機の機内で、いい音で音楽を聞ける携帯用の機材が欲しいと思った井深が、試作品を作ってほしいとオーディオ事業部長の大曾根幸三に依頼した。大曾根は手近にあったプレスマンというポータブルテープレコーダーを改造し、スピーカーと録音機能を省く代わりにステレオ再生専用ヘッドを搭載してヘッドホンで聴くステレオ再生機を作り上げた。

さっそく井深に試作機を渡したところ、その音質の素晴らしさに驚いた井深が盛田に「聴いてみろ」と持ち込み、盛田が製品化を指示したという流れだ。

当時、社内は反対の渦であったという。

「録音機能のないテープレコーダーなど、絶対に売れるはずがない」

というのが反対派の主張であった。従来のテープレコーダー市場の延長線で考える限りは、その考えは間違っていないかもしれない。だが彼らにはこの製品が作り出す新しいライフスタイルとそれに伴う新しい市場が想像できなかったのだ。井深と盛田にだけはそれが見えた。

一九七九年七月一日、ウォークマン初号機であるＴＰＳ―Ｌ２が発売された。発売月こそぱっとしなかったが、八月に入ると売り切れ店舗が続出するようになり、初回生産ロットの三万台を売り切った。その後は人気に供給が追いつかず、長らく品不足が続く。

この大成功を受けて、ソニーはウォークマンの改良を続けた。一九八三年に発売されたWM-20型は薄型、小型化を極めて「カセットケースサイズ」を売りにした。そのために超扁平薄型モーターと伸縮ケースを採用している。続いて一九八五年のWM—101型では、その後業界標準となる「ガム型充電池」を初めて採用し、さらなる薄型化を実現した。そして一九八七年のWM—501型では充電池を内蔵型に変更し、ついにカセットケースを下回るサイズとなった。

こうして見ていくと、ウォークマン発売後の流れは、シーズ主導型の改良に次ぐ改良である。どんどん薄型化、小型軽量化を追求し、ついにはカセットテープが音源なのにカセットテープのケースよりも小さな筐体《きょうたい》を実現した。まるで山田錦の精米率を極限まで上げて大吟醸を醸し出す日本酒造りのようである。

そしてウォークマンの音源は、カセットテープからCDへ、MDへと移っていく。「CDウォークマン」では「音飛び防止機能」の開発など光るシーズはあったものの、初代ウォークマンが全世界に与えたようなインパクトは、後継機のどれもがもたらすことはなかった。さらに、ソニーが開発した「MD＝ミニディスク」は光学ディスク採用のデジタルオーディオメディアであったが、日本ではある程度の普及をみたものの海外ではさっぱり売れず、ガラパゴスとして衰退していった。

携帯オーディオの雄であったソニーがモタモタしている間に、彗星のように登場したのがアップル（当時はアップルコンピュータ）のｉＰｏｄである。

ニーズ主導のブレイクスルー

かつてアップルコンピュータを追われ、デジタルアニメーションのピクサー社とワークステーションのメーカーＮｅＸＴ社を経営していたスティーブ・ジョブズは、ＮｅＸＴ社をアップルに買収させるとともに経営者として復帰した。ＮｅＸＴ社が開発したＮＥＸＴＳＴＥＰというＵＮＩＸベースのＯＳは、改良を加えられてＭａｃＯＳＸおよびｉＯＸとなる。

アップルに復帰したジョブズは、宿命のライバルであったマイクロソフトのビル・ゲイツから一億五〇〇〇万ドルの資金提供を獲得するとともに、経営陣と社員の大規模なリストラを断行、一方で透明なブルーの筐体に包まれた魅力的なパソコン「ｉＭａｃ」を登場させた。

ｉＭａｃの大ヒットが世の中の話題となって間もない二〇〇一年一一月一七日、ジョブズはデジタルオーディオプレーヤーであるｉＰｏｄを発売した。それ以前に存在したライバルの著作権保護問題とメモリー容量という欠点を、著作権保護の機能をもつ圧縮フォーマットの採用や音楽業界との協調姿勢、ポータブル機器としては初のハードディスク搭載などにより優越し、「高すぎる」という評論家の声を尻目に全世界で大ヒットを記録した。

ヒットの要因としては、ユーザーの不満を見事に解消した機能と、シンプルで直感的に操作できる優れたデザインが挙げられる。ジョブズが復帰してからのアップルは、優れたデザインが性能の一部であった。

ここまでは、ソニーをはじめとする他のメーカーでも真似ができたかもしれない。しかしジョブズならではの「芸当」はその次である。なんと音楽業界の巨頭たちを直接面談で口説き落とし、デジタル音楽のネット販売網を作り上げてしまったのだ。当時の「アイチューンズ・ミュージック・ストア（ｉＴＭＳ）」、現在の「アイチューンズ・ストア（ｉＴＳ）」である。

ｉＰｏｄ、パソコンソフトのアイチューンズ、ネット上のｉＴＭＳの組合せは強力で、たちまち若者たちを中心とするユーザーを獲得していった。ｉＴＭＳがスタートした二〇〇三年、ｉＰｏｄはポータブルオーディオプレーヤー市場において、ウォークマンを蹴落とし、首位となる。この地位はアップルがｉＰｈｏｎｅを発売し、ｉＰｏｄの存在を霞ませてしまうまで変わらなかった。

ジョブズのイノベーションはどこにあったか。ソニーや他のオーディオ機器メーカーがハードウェアとしての製品開発にしか目が向かなかったときに、「音楽の流通」にまで手をつけたことだ。顧客が求めている「安価に、便利に、音楽と親しみたい」というニーズを実現するために、それまで誰もが「不可能」または「自分たちの領域ではない」と考えていたことを実行したのだ。

それまでのデジタルオーディオプレーヤーは、違法コピーのための道具であるか、ガチガチの著作権保護で使いにくい道具であるかのどちらかだった。そこに、まずは使いやすい道具で斬り込み、次に音楽業界そのものに「革新」を持ち込んで一気にシェアをひっくり返した。

保守的な音楽業界のドンたちには「このシステムはＭａｃ専用です。Ｍａｃはシェアが小さいから、大問題にはなりません」とささやいておいて、人気が出るとウインドウズにも対応して業界のスタンダードにしてしまう。見方によってはペテン師すれすれのやり口だが、勝てば官軍、結果オーライである。音楽業界をたっぷり儲けさせたのだから。

「あんなもの、うちでもすぐ作れる」とうそぶいた日本のメーカーたちだったが、ｉＴＭＳに関してはノーコメントだった。そしてジョブズのもたらしたものが「革命」であったことを裏付けるように、ＨＭＶやタワーレコードといった音楽ＣＤショップ大手が消えていった。鉄道が引かれれば馬車屋は潰れる運命なのである。

イノベーションをどのように推進するか

ウォークマンとｉＰｏｄの二〇年ほどの歴史を見るだけで、経済的に大きな効果をもたらすイノベーションを起こすには、シーズ主導よりもニーズ主導のほうが効率的であることがわかる。

そのことを確認するには、ジグソーパズルをやってみればいい。大判でピースの多いジグソーパズルは、組み上げるのに大変な苦労が必要だ。特に、一つひとつのピースの形にとらわれて、隣にマッチするピースを探すとえらいことになる。これがシーズ主導型のイノベーションの姿である。

一方、全体の絵柄を想像し、「このピースはこの辺かな」と適当に置いていくと、組み上げるのが早くなる。ゴールが見えているから迷いが少ない。これがニーズ主導型のイノベーションに相当する。

今度は立場を変えて、ジグソーパズルを販売する側になってみよう。どんなパズルなら顧客に喜ばれ、売れるのだろうか。

それは、適当にむずかしく、だが組み上げていくにつれてスピードが上がり、達成感が高まっていくようなパズルにすることだ。そのためには、やみくもにピースの数を増やすのではなく、かといって最初から簡単にゴールが見えるのでもない中間のバランスを設定しなければならない。

顧客が飽きて挫折することなく、かといって簡単すぎて失望するのでもないゾーン。それを見抜いて商品化する要素を「アーキテクチャー」と呼ぶ。アーキテクチャーとはもともと「建築」「構造」を意味する言葉であったが、コンピューターでは「設計思想」を、社会思想では「人間の行動を制約する社会構造」のことを呼ぶ言葉として使われるようになった。そして経営戦略においては、「構成」「仕組み」「仕様」を意味する。

アーキテクチャーの考え方では、ニーズとシーズの関係を適確に規定し、あらゆる要素の整合性をとりながらゴールに向かって商品化していくことになる。真のイノベーションを目指すためには、アーキテクチャーが重要なのである。

アポロ計画の成功が示すもの

アーキテクチャーの重要性とその役割を示す事例としては、アメリカのアポロ計画が適当ではないかと思う。若い読者諸君はあまりピンと来ないかもしれないが、今から半世紀近く前に、人類は月に着陸し、月面を歩いた。当時それは人類史を揺るがす大事件であったのだ。

そのアポロ計画は、暗殺された人気者の大統領、ジョン・F・ケネディによって予告され、期限内に実現した。当時の時代背景に少し触れておこう。

一九六一年、アメリカとソ連は冷戦のまっただ中であり、激しい宇宙開発競争を繰り広げていた。情勢はソ連に有利であり、ソ連は同年四月一二日、ユーリイ・ガガーリンを乗せたボストーク1号で史上初の有人宇宙飛行を成功させていた。大気圏を抜け、地球周回軌道に乗ってから地上に帰還するという飛行であった。

それに対してアメリカは、二三日後の五月五日、フリーダム7でアラン・シェパードを宇宙へ送ったが、地球周回軌道に乗ったわけではなく、わずか十数分間の弾道飛行に過ぎなかった。アメリカが地球周回軌道に人間を送り出すのは、翌年の二月二〇日、ジョン・グレンの乗ったフレンドシップ7まで待たねばならなかった。

なぜ米ソが激しい宇宙開発競争を繰り広げていたのか。それは今北朝鮮が大陸間弾道ミサイルを「人工衛星である」と強弁していることでわかるように、ロケット技術が大量破壊兵器に直結しているからだ。特に核兵器で相手より優位に立つためには、数と質で上回る必要がある。そのために負けるわけにはいかなかったのである。

さて、ガガーリンの成功にショックを受けたアメリカ・ケネディ大統領はどうしたか。まずNASAに命じてソ連に追いつく可能性のある計画を提出するように命じた。そこに書かれていたのが有人月着陸だったのだ。

有人月着陸なら、さしものソ連もすぐに達成はできない。おそらく一〇年程度を要するはずであり、そのくらい時間があれば、アメリカが先に成功する見込みがあるという報告だった。

これを受けて、ケネディは歴史に残る有名なスピーチをした。一九六一年五月二五日、上下両院合同議会における演説である。

「まず私は、今後一〇年以内に人間を月に着陸させ、安全に地球に帰還させるという目標の達成にわが国民が取り組むべきと確信しています。この期間のこの宇宙プロジェクト以上に、より強い印象を人類に残すものは存在せず、長きにわたる宇宙探査史においてより重要となるものも存在しないことでしょう。そして、このプロジェクト以上に完遂に困難を伴い費用を要するものもないでしょう」

この「公約」によって、空前絶後の宇宙プロジェクトであるアポロ計画はスタートした。二五〇億ドルという巨額の予算、ピーク時四〇万人という人員、二万以上の企業や大学によるサポート。どの数字を見てもアメリカという国家が全力で取り組んだプロジェクトであることがわかる。

そして公約期間内の一九六九年七月二〇日、アームストロングとオルドリンの二名の宇宙飛行士が人類史上初めて他の天体の土を踏み、ケネディ大統領のイノベーションは成功裏に達成されたのである。

ケネディがアメリカ国民に示したものは、単なる「公約」ではなかった。それは「夢」であり、「ニーズ」だった。当時の宇宙工学では、シーズの優位性においてアメリカはソ連に負けていた。しかし「月に行く」という目標を掲げたおかげで無数のシーズを獲得し、アメリカはソ連を圧倒するようになったのだ。

イノベーションの根幹技術

これまで、イノベーションの要素としてシーズとニーズ、そしてアーキテクチャーというものがあると紹介してきた。

このうちシーズを深掘りするためには、専門分野における高度な技術や知識が必要になる。先に「シーズ主導では大きなイノベーションは起こせない」と述べたが、それはシーズというものを軽視していることではない。シーズはニーズを拡大し、顧客価値の向上につなぐことができる。またニーズ主導だけでは、いつかは競合に真似されて泥沼のレッドオーシャンとなってしまう。

だから優れたアーキテクチャーは、ニーズとシーズを両睨みして双方のバランス、関係づけを適切に行うものでなければならない。したがってアーキテクチャーを構想するためには、広い専門分野を評価・活用する眼力と同時に、適切なシーズを全体像のニーズに結びつける創造力が求められる。「ニーズが先か、シーズが先か?」ではないのである。常にニーズを探りながらシーズを求めていく。その上に立つアーキテクチャーによって効果的なイノベーションが推進できるのである。


今一度イノベーションの定義に立ち返れば、顧客価値の向上のために不断の努力でニーズとシーズのあるべき関係を追求することが大切なのである。そのような考えを基にしているアーキテクチャーは、イノベーション推進の鍵となる基礎技術といえる。

今の日本企業に徹底的に欠けているのは、まさにこの部分である。だから海外勢のイノベーションに後れを取り、市場から蹴り出されてしまうのだ。

その点、アメリカ企業は技術開発のコストをシーズからアーキテクチャーまでバランス良く配分している。仮にアーキテクチャーまで技術費が回らなくても、自己責任で顧客価値向上を叫び、強引に注目を集めてしまうしたたかさがある。しっかりとリスクを取って忠実にイノベーションを実践しているのだ。だからアメリカではベンチャー企業的社会が構築されている。

それに対して日本企業はイノベーションを口実に、シーズ研究にばかり予算を回している。ニーズ研究、アーキテクチャー分野はおざなりである。これは企業経営者にイノベーションを起こす覚悟が不足しているからだ。「技術開発部門が何とかしてくれる」という甘い態度なのである。その原因は、前述した「イノベーション」の「技術革新」という誤訳と、それを鵜呑みにし続けている日本企業のリーダーたちの姿勢にある。

日本が立ち直るためには、予算配分を改めてニーズとアーキテクチャーにバランス良く配分することが必要だ。それにはまず、経営者の意識をリセットしなければならない。

また、アメリカには大学における先端研究を基点としたさまざまな研究開発における役割分担のグランドデザイン、すなわち産学協働のアーキテクチャーが存在する。アーキテクチャーによって示されたロードマップにしたがって、シーズの基礎研究から応用開発、ニーズの探求から事業化までの要素が、各プレーヤーによって埋められている。これは強力である。

日本では掛け声ばかりで細かい事例しか散見できない産学協働だが、当事者意識を改革してアーキテクチャーまで昇華させていかねばならない。

もはやシーズ偏重では生き残れない

ドローン、ＡＩ（人工知能）、ロボットなど、インターネット関連およびその周辺の市場におけるイノベーションは、もはやアーキテクチャーなしでは実現できないものとなってきた。ＡＩを活用したＩｏＴ（すべてのものがインターネットで結ばれる技術）も同様である。その証拠に、これらの新分野で圧倒的に存在感のある日本企業があるだろうか。ドローンのような製品は、本来日本のお家芸であったはずだ。

そこで存在感が出せないでいる、いやそれ以前にインパクトのある新市場の開拓が日本企業にできなくなっているところに、日本の経営者たちは危機感を持たねばならない。相変わらずシーズ偏重の研究ばかりに多額の研究費を投入していると、また負ける。なぜ日本メーカーが最初にロボット掃除機を発表できなかったのかを大いに反省するべきだ。

最近、グーグル、アマゾン、ＬＩＮＥの各社から相次いで「ＡＩスピーカー」なる商品が出ている。インターネットに接続されたスピーカーが音声でユーザーの質問や命令に応えてくれるものである。リビングの真ん中に設置しておいて、「今日の天気は？」と聞けば「晴れときどき曇り、最高気温は二七度の予報です」などと返答がある。同様の機能はｉＰｈｏｎｅにも搭載されている。

気をつけなければならないのは、これらの製品が世界では「スマートスピーカー」と呼ばれていて、「ＡＩ」なる名称が使われていないことである。日本だけがこれをＡＩだと思い込んでいるのだ。そんなところにも、日本の勘違いが透けて見える。

ＡＩはシーズのひとつにすぎない。アーキテクチャーを持たぬままＡＩに莫大な技術研究費を投入していくのは危険である。

ＡＩと人間のプロによる囲碁や将棋、チェスの対戦がマスコミを賑わせているが、どうやらもう人間は勝てない様子である。これは自明のことで、ルールが明確に決まっていて時間制限のあるゲームは、そもそも人間がＡＩに勝てるはずがない。今まで人間が勝っていたのは、ＡＩが発展途上だったからだ。

日本企業はそんなＡＩにばかり注目しているが、新しいルール、新しいゲームを創出するような、新顧客価値の創造にこそ目を向けるべきだ。同じ土俵で勝負を続けるのはイノベーションではない。新しい土俵を顧客に示し、そこで勝負することこそ、真のイノベーションなのである。負けるとすぐに「技術で勝って、事業で負けているだけ」と言い訳をするのは、単なる負け惜しみにすぎない。

戦後日本のイノベーション

天皇の退位とともに平成の世は終わる。歴代天皇が継承してきた三種の神器も皇太子に受け継がれることになる。はるか神代の昔から伝えられた鏡、玉、剣というが、鏡は伊勢神宮に、剣は熱田神宮に納められているので、皇居にあるのは玉だけらしい。

ところで、「家電製品の三種の神器」といえば、戦後日本の消費を牽引した白黒テレビ、電気洗濯機、電気冷蔵庫のことである。電気洗濯機は一九三〇年、電気冷蔵庫は一九三三年に国産第一号商品が登場しているが、一般家庭に普及したのは白黒テレビと同時代の一九五〇年代である。一九五六年（昭和三一年）の「経済白書」に、有名な「もはや戦後ではない」という言葉が明記され、日本の高度成長がスタートした時代である。

これら三種の神器を庶民たちは争って買い求めた。価格的には決して買いやすい商品ではなかったにもかかわらず、無理してでも欲しい商品だったからである。すなわち、これら三種の神器は戦後日本におけるイノベーションだったのだ。

白黒テレビの国産第一号商品が登場したのは一九五三年。早川電気（後のシャープ）のＴＶ３—１４Ｔ型である。価格は一七万五〇〇〇円。当時の高卒公務員の初任給が五四〇〇円だったから、初任給比は三二倍にもなる。年収の二倍半にも達する高額商品をこぞって求めたということだ。今で言えば高級セダンを買うような感覚だろうか。

続いてヒットしたのは電気洗濯機だ。こちらは国産第一号の登場が前述のように一九三〇年と古いが、売れまくったのは一九五〇年代半ばである。第一号商品は芝浦製作所の「ｓｏｌａｒ」で価格は三七〇円。銀行員の初任給が七〇円の時代だから、初任給比は五・三倍である。

そして三種の神器のラストは電気冷蔵庫。こちらも登場は一九三三年と古く、国産第一号は芝浦製作所のｓｓ―１２００である。価格は七二〇円で、初任給比は一〇倍だ。

早川電気の創業者である早川徳次は国産テレビを最初に実現した人物だが、彼自身にはシーズとなる電気の知識はまったくなかった。そこで当時最高レベルのテレビ技術者であった高柳博士を三顧の礼で迎え、苦労の末に商品化に成功した。

だが、第一号商品は高額になり、役員たちから「高すぎるから売れない。発売を止めるべきだ」と反対される。それに対して徳次は「商品を売るのではない。テレビの新しい顧客価値を提供するのだ。われわれは新しい文化を作る」と言って役員たちを説得したという。このセリフは、まさにイノベーションの定義そのものである。

早川徳次は実際にイノベーションを断行したのだ。彼のもくろみ通り、テレビという新製品に「新しい顧客価値」を感じたからこそ、一般大衆が雪崩を打って電器店に走ったのである。

当時の戦後社会には、徳次と同質の経営者が多かった。彼らはみな、戦後の荒廃した日本社会の現状を憂い、日本の復興のためにはイノベーションによる新産業の育成しかないと固く信じていた。

三種の神器のシーズは、ＲＣＡのサーノフ研究所である。ＲＣＡはマルコーニ社に起源を持つＧＥの子会社で、世界初の電気式蓄音機の発売に始まり、白黒テレビ、カラーテレビ、テープレコーダー、ビデオ、ビデオディスクなどで圧倒的な存在感を誇っていた。社名の「ＲＣＡ＝アメリカラジオ会社」からもわかるように、もともとは放送事業の会社で、アメリカ三大ネットワークのひとつＮＢＣはＲＣＡの子会社である。

サーノフ研究所は、ラジオ事業を普及させてＲＣＡを巨大企業に育てた功労者のデビッド・サーノフ社長の名を冠した基礎研究所である。当時のシーズ技術の総本山で、早川徳次はもとより松下幸之助も訪問している。

サーノフ研究所で得たヒントを元に、必死の努力で実用化・量産化に成功するという日本の家電メーカーのスタイルは、日本に高度経済成長期をもたらした。一見するとこれはよくいわれる「猿真似の得意な日本人」の姿だが、実態は違う。サーノフ研究所に転がっていたのは「シーズの山」であって、徳次や幸之助はそれを自分の頭の中でニーズに結びつけたのである。表層の技術だけを見て「真似だ」と指摘するなら、初代のｉＰｈｏｎｅなど真似の塊ではないか。

シーズ主導では駄目だという証拠に、シーズ研究に明け暮れたＲＣＡは潰れた。巨額の研究開発費を投じて世に出した「ＣＥＤビデオディスク」が普及せず、それが致命傷になったといわれる。このＲＣＡの没落は今日の日本の家電メーカーの姿に似ていて興味深い。

戦後のイノベーションをもたらした経営者たちの気質は、日本に脈々と息づいていたイノベーターの系譜を受け継ぐものである。その気質が東洋の奇跡と呼ばれた明治維新を完遂させたのだが、さらにさかのぼれば江戸時代に至る。

アーキテクチャーに満ちていた江戸時代

近年になって日本の江戸時代が再評価されている。単なる懐古趣味ではなく、純粋に今日的な価値の視点で見たとき、江戸時代には現代でも成し遂げられていない優れたアーキテクチャーの数々を発見できるのだ。

まず言えるのは、当時の世界最大の人口を誇る大都市を擁しながら、そのど真ん中を流れる隅田川の水が澄み、白魚が捕れたという事実である。同時代のロンドン・テームズ川は真っ黒に澱んでいた。パリ・セーヌ川も同様である。これほど高度な循環社会を形成した大都市は他に類を見ない。

なぜ百万都市の江戸が川を汚さず、疾病を防ぎ、森林を失うことなく豊かな自然と共存していられたのか。それは、徹底したコンパクトシティで、完璧なリサイクルが実現していたからにほかならない。江戸市中には紙くずひとつ落ちていなかったというが、それは紙くずを集めて金にするシステムが構築されていたからだ。

ロンドンでは下水が川に流れ込み、川を汚染していた。パリでは下水がまだなく、排泄物は路上に捨てられて悪臭を放っていた。だが江戸では、排泄物は汲み取って運ばれ、肥料として売られていたのである。竈の灰すら買い集められ、染物屋で使う化学材料として販売されたのだ。この徹底したリサイクルシステムが、江戸を安全で清潔な都市にした。しかもそのシステムの維持に税金は使われず（江戸時代には年貢以外の所得税がない）、市場原理で運営されていたのだ。

もちろん、江戸時代の生活は現代と比べると不便である。移動手段は徒歩が基本で、そのために町はコンパクトに作られていた。長屋の一世帯分は狭く、プライバシーはなきに等しい。だが多種多様な物売りが移動販売にやってくるし、移動屋台があるため生活に不自由することはなかった。

文化面では歌舞伎や浮世絵が花開き、芝居小屋は連日盛況だった。手習い（おもに関東）、寺子屋（おもに関西）の充実で教育の質が高く、当時の世界でダントツの識字率を誇っていた。もっとも鎖国していたため日本人はその事実を知らないのであるが。また、独自の発展を遂げた数学は「和算」と呼ばれ、世界最高レベルに達していた。和算中興の祖と呼ばれる関孝和は円周率を一一桁まで、その弟子の建部賢弘は四二桁まで正しく計算した。

幕末に近づくと全国各地に藩校（各藩が設置した高等教育機関）が作られ、場所によっては藩士の子弟以外にも開放された。北は松前藩から南は鹿児島藩までに設置された藩校の数々は、明治維新後に大学や高校、専門学校に姿を変えて生き残っている。中には福岡の修猷館のように名前もそのままで名門校としての系譜を続けている学校もある。

このような創造性に富んだ文化、自然と共生した食文化や住環境は、まさしくイノベーションを実践した結果得られた財産である。われわれ日本人は開国後の西欧化によってその優れた生活習慣を捨て、持続不可能な消費社会に突入した。その結果、乱開発、資源の浪費などで自然環境の荒廃を招き、今は大いなる反省の時期にある。

これから、人類社会は限られた資源を有効に使うために、あらゆる面でのリサイクル社会を構築することが求められるが、われわれ日本人にとっては話は簡単である。手を伸ばせば届く過去、江戸時代に範を求めればよいだけなのだ。

ではなぜ、江戸時代に日本でアーキテクチャーが開花したのだろうか。

私はその要因のひとつが、当時の鎖国政策にあると睨んでいる。長崎・出島などの例外はあったものの、この時代は外部から安易にシーズを得ることができなかった。そのために、限られたシーズを活用してニーズを実現するアーキテクチャーに解を求めたのではないか。

盛夏対策の「打ち水」「風鈴の音色」「すだれ文化」「流しそうめん」などは、すばらしいアーキテクチャーといえる。自然との共生も取り込んでおり、無駄なエネルギーを使わずにストレスを和らげる。もしそこに「エアコン」というシーズがあったら、日本の夏の文化は育っていなかったに違いない。

エネルギーと機械装置で問題をすべて解決するという欧米型のアーキテクチャーに対して、日本型アーキテクチャーは省エネルギーでエコな全体最適解である。これはきわめて合理的なイノベーションへのアプローチである。その日本型アーキテクチャーを一変させたのが、幕末の黒船来航であった。

「太平の眠りを覚ます上喜撰　たった四はいで夜も寝られず」と有名な狂歌にあるように、宇治の銘茶「上喜撰」にかけた「蒸気船」のインパクトは大きかった。絶望的にシーズで後れていることを一瞬にして悟った日本人は、逆にこのことがトラウマになり、シーズ主導型イノベーションへと一気に舵を切ってしまう。それは文明開化の実現と日本の植民地化阻止では大いに功を奏したが、二〇世紀後半に賞味期限を失ってしまった。

江戸のアーキテクチャーはまだ生きている

開国後圧倒的に流れ込むシーズの海の中で、しっかりとニーズを意識していた人々も少なからず存在した。以下にその代表格の人物を紹介しよう。

岡倉天心は横浜生まれの福井藩士だが、日本美術の概念を成立させた立役者である。東京美術学校（現・東京芸術大学美術学部）初代校長、ボストン美術館中国・日本美術部長を歴任し、「院展」の主催者である日本美術院を創立した。英語による著作『東洋の理想』『日本の目覚め』『茶の本』『東洋の目覚め』が有名である。

天心の日本文化における功績は大きく、今日の文化財保護法の前身にあたる「古社寺保存法」を制定し、貴重な絵画、仏具、仏像、刀剣類などの美術品が海外に流出するのを防いだ。また天心の育てた横山大観、下村観山、菱田春草らの俊才は近代日本画のリーダーとなる。そして幼時に学んだ英語による著作は、ミステリアスと思われていた日本人の精神を西洋人が理解する手助けとなった。

天保一一年生まれの幕臣・渋沢栄一は、新政府の大蔵省に入って官僚となり、その後退官して五〇〇以上もの企業の設立に関わる。しかし同時代の三井、岩崎、安田、住友などとは異なり、財閥を作らなかった。「私利を追わず公益を図る」という考えを子孫にまで守らせたからである。一九一六年（大正五年）に有名な著書『論語と算盤』を著し、「道徳経済合一説」を標榜する。「富をなす根源は何かといえば、仁義道徳。正しい道理の富でなければ、その富は完全に永続することができぬ」という渋沢の言葉は、西欧型経営とは完全に一線を画するものであり、今日の経営にも通用する。

彼らにみられる日本的精神の良き伝統は、時代を超えて戦後の著名な経営者たちに引き継がれた。「戦後日本の復興はものづくりに徹したから。ものづくりは日本のＤＮＡであり、今後もものづくりに活路を見出すべきである」という声をよく聞くが、それは違う。ものづくりを神話に仕立てたファンタジーであり、そんなものを信じている経営者はまともな人物ではない。

戦後日本の家電メーカーは、常にニーズを意識して製品開発をしていた。だからこそ巨人ＲＣＡに勝てたのだ。早川徳次はテレビ文化の普及を夢見て邁進した。だからシャープの後継者たちが液晶ディスプレイのシーズにのめり込む気持ちはよく理解できる。だが、それは徳次の表面だけを見て、彼の真意を理解していない。本質を見きわめて必要な舵取りをするのが後継者たちの務めであるはずだ。

「ニーズを意識した製品作り」

それが現在の経営者たちに受け継がれていないことが、残念でならない。今からでも遅くない。江戸のアーキテクチャーを徹底分析し、二一世紀に通用する考え方に仕立て直すのだ。そうすれば、きっと日はまた昇る。

第二章

パラダイムシフトと老舗企業

古池　進

近代史におけるパラダイムシフトと争乱

有史以来、人類社会は資源（水・エネルギー・食料など）確保を主軸とする数々の騒乱を演じてきた。ライバルであった原人、猿人たちが次々と滅びてゆく中で、唯一生き延びたホモサピエンスは地球で最も繁栄した生物となり、高度な文明を築くに至る。

人類文明には中国、中東、南米など各地で独自に勃興したものがあったが、一八世紀になって西洋文明が先陣を切って産業革命へと到達した。これにより、二〇世紀までの人類史は西洋文明主導で記されることになる。

産業革命は、都市化と国家体制の確立を招来し、その結果として支配地拡大を目的とする植民地主義が発生した。キリスト教の普及活動を隠れ蓑に、西洋文明が世界を支配するべく先を争って他地域に侵攻していったのだ。そこから富国強兵主義が起こり、米国の南北戦争・独立戦争、そして第一次・第二次世界大戦へと動乱の輪が拡がっていったことは歴史に記された通りである。

産業革命がもたらした機械文明の発達は、蒸気機関の応用範囲を広げ、鉄道や蒸気船といった交通運輸のイノベーションを生む。その力は植民地支配の拡大を容易にし、世界は欧米列強の国旗の色に塗り替えられようとしていた。

日本へ西洋文明が波及してきたのは、米国の黒船が到来した江戸末期である。その強力な外圧が、江戸三〇〇年の徳川幕府に終焉をもたらし、大政奉還と明治維新という新たな日本史の幕を開いた。

この歴史を見ていくと、あたかもドミノ倒しのようにひとつの変革が次の変革を招いていることがわかる。次々と変革が連鎖していくうちに、それまで存在した社会秩序が崩壊し、世の中の仕組みが大きく変容しているのだ。そして新しい社会秩序に適応した新しいルールが作られ、そこでリーダーシップを発揮する新しいプレーヤーが登場する。こうした一連の変革を「パラダイムシフト」と呼ぶ。

人類史の流れを大きく変えるような規模のパラダイムシフトは、これまでに何度か起きている。歴史的に具体的な記録はないが、おそらく石器の発明や火の利用、農耕の開始などは最大規模のパラダイムシフトであったといえるだろう。

そして近代史においては、産業革命が大きなパラダイムシフトであった。織機の改良が紡績機の改良を呼び、それが動力式織機の開発を促した。これにより、綿織物の大量生産が可能になり、イギリスの主力生産物となった。これと並行して製鉄技術や蒸気機関、機械工業、製紙、窯業、印刷などの各産業も加速度的に進化し、産業界全体が生まれ変わった。大量生産は工場労働者を要求し、都市化を加速する。大量の生産物は販路を求めて世界にあふれる。植民地主義、富国強兵主義が起こるのは自明のことであった。

コンドラチェフの波

パラダイムシフトが古い社会秩序を崩壊させ、新しい時代を切り拓いていく様子を概観するには、「コンドラチェフのイノベーション波動説」を理解するとわかりやすい。

ニコライ・コンドラチェフは一九世紀生まれのロシアの経済学者で、各種の経済指標を時系列で研究した結果、「産業国家の経済的発展はおよそ五〇年持続する波の中に生じる」という理論を提唱した。

コンドラチェフ自身はソビエト政権の経済政策と対立したため銃殺刑で殺されてしまったが、チェコの経済学者であるヨーゼフ・シュンペーターがイノベーション理論にともなう景気循環を提唱したため、「コンドラチェフの波」として再評価されることとなった。今日では五つの波が知られている。

第一の波は、一七七五年から一八二五年ころまでの「初期産業革命」である。この波のピークは一八一〇年から一八一七年に訪れている。

運河、水車、蒸気機関、紡績といったイノベーションが社会的な規模で生産方式を大きく変革し、生産能力を飛躍的に増大させた。その先頭にあった英国は大きく国力を高め、世界中にユニオンジャックの旗をはためかせることになる。

この時期で特筆すべき技術革新は、ワットの蒸気機関とコートの攪拌式錬鉄精錬法である。ワットが発明した万能原動機である蒸気機関はあらゆる鉱工業に利用され、人力、馬力、水力を過去のものにした。コートのパドル法と呼ばれる攪拌式精錬法は、半溶融状態の銑鉄から錬鉄を得るもので、コークスから良質の錬鉄を生み出すことを可能にした。

第二の波は、一八二五年から一八七五年にかけての「蒸気機関の時代」である。この波のピークは一八七〇年から一八七五年で、蒸気機関が鉄道と結びついて陸上交通に革命をもたらした。その結果、物流が広域化し、蒸気船の就役とともに貿易も拡大していく。

それに導かれるように欧米列強の覇権争いが熾烈になり、各国間の複雑な利害関係は人類史上初の多国間戦争である「大戦」を招き寄せることとなる。第一次世界大戦である。

第三の波は、一八七五年から一九二五年にかけての「電気と内燃機関の時代」である。この波のピークは一九一五年から一九三〇年で、鍵となるイノベーションは電気、化学、自動車である。エネルギー源は石炭から石油にシフトし、重くてエネルギー効率の低い蒸気機関から、コンパクトでエネルギー効率の高いガソリンエンジンなどの内燃機関に動力源が交代することにより、陸上交通の主役が鉄道から自動車に移る。

この時代の特筆すべき技術革新は、ベルによる電話の発明、エジソンによる電灯の発明、マルコーニによる無線電信の発明であるが、もうひとつ注目すべきは、この波と第一次世界大戦が重なることだ。サラエボでのオーストリア帝国皇太子の暗殺事件をきっかけに起きた第一次世界大戦（一九一四〜一九一八年）は、イノベーションの歴史と深く関わっている。機関銃の登場は騎兵を無力化し、塹壕戦を生んだ。戦車、戦闘機、潜水艦、毒ガス兵器もこの大戦で生まれている。大量殺戮兵器の登場により、この大戦で約一〇〇〇万人の戦死者が出た。

第四の波は、一九二五年から一九七五年の「世界大戦と戦後成長の時代」である。この波のピークは一九六七年から一九七四年で、エレクトロニクス、コンピュータ、航空輸送、原子力などのイノベーションが第二次世界大戦の惨禍を大きくするとともに、戦後世界の様相を戦前と大きく変えた。特に注目すべき技術革新は、トランジスタの発明に始まるエレクトロニクスと、ナイロンの発明に端を発した石油化学の発展である。

第一次世界大戦と第二次世界大戦は、イノベーションによるパラダイムシフトが社会に波及し、資源獲得のための覇権争いが人類規模に拡大したことにより起きた。しかし、二〇世紀後半から の混乱は、産業のグローバル化と先進国の所得格差の拡大、金融業のイノベーションなど、社会構造の移り変わりに呼応して発生している。そこにナショナリズムと宗教戦争、人種間の怨念などが加わり、紛争の種はいよいよ複雑化し混迷の度を深めている。

第五の波は、一九七五年から二〇二五年の「ポスト工業化時代」である。われわれは今、この波の中で生きているわけで、鍵となるイノベーションは今のところ、情報技術、バイオ、環境、ナノテクとみられている。持続可能なクリーンエナジーが期待されているが、まだ決定的な技術は登場していない。自動車も内燃機関からEVや水素燃料の自動運転車に変わることが予想されるが、それがいつになるかはまだわからない。

それ以前に、英国のEU離脱や米国のトランプ現象、世界的に広がりつつあるナショナリズムの台頭は、各国ともに国力に余裕がなくなってきた証である。顕在化しつつある社会の矛盾をファインチューニングする政治や社会秩序構築におけるイノベーションがますます必要になってきた。

コンドラチェフの波が意味するもの

以上、われわれ人類は近代史において五つの大きなパラダイムシフトを経験してきた。これを「コンドラチェフの波」と定義したとき、次の三つのことがわかる。

（一）中長期にわたって市場で絶対的優位性を示す商品やサービスは存在せず、あらゆるものが変化する。つまり、ひとつのイノベーションで大きく成長したとしても、そのとき獲得した優位性だけでは次の波は乗り越えられず、衰退する。すなわち、シーズには限界がある

(二) シーズはシーズのままでは爆発的インパクトを持ち得ない。シーズをニーズにまで拡大し、さらに社会現象化し、社会の革新を図るまで育て上げることで、パラダイムシフトが起こる

(三)「コンドラチェフの波」は社会を媒質とした波動である。ニーズに則ったイノベーションはすみやかに社会を伝わり、すみずみまで伝播する

最後の「波動」という言葉はきわめて示唆に富んでいる。なぜ「コンドラチェフの〝波〟」なのか。それは経済の景気循環が物理学の波動論に相似しているからだ。

ここで「波」を物理学的に定義してみよう。波とは、媒質内にある波源がある周波数で振動したとき、その振動が媒質内にある速度で伝播することだ。正確に記述するなら「角速度」とか「波動関数」という言葉を使わなければならないが、ここでは概念だけに留めておく。

イメージとして、雫が静かな水面に落ちたところを想像してみよう。ポタンと垂れた雫は水面に波紋となって広がっていく。この場合の波源は雫であり、媒質は水である。そこが池のような場所なら、波紋は大きく広がって池の縁まで到達するだろう。

コンドラチェフは、イノベーションという波源がパラダイムシフトという波になって社会全体に広まる姿をとらえ、「波」と表現したのである。逆に言えば、イノベーションの目的が新産業

の創出であるならば、ただ振動しただけでは不足である。社会に波を起こさなければ、新しい産業の時代は到来しない。

話は変わるが、野球観戦のスタイルのひとつに「ウェーブ」というものがある。スタンドで観戦している客の集団が両手を挙げて立ち上がり、バンザイのポーズをする。それが時間差で右または左の集団に伝わっていくと、スタンド全体に波が伝わっているように見える。その状態を客自身が演出して楽しむのである。

個々の客がやることは単純である。あるタイミングで両手を挙げて立ち上がり、座るだけである。それだけで、アナウンサーが「選手と観客が一体となっています。観客席にはウエーブが起こっています」と実況するイベントになる。

もしも客たちのノリが悪く、タイミングが合わなければ、ウェーブは発生しない。単なるノイズである。波源である客と、媒質である客の呼吸が合って、気持ちの盛り上がりが一致することでウェーブは完成する。イノベーションがパラダイムシフトを起こす時と同じである。

イノベーションとは、単なるものづくりではない。最近の言葉で言えば「ことづくり」である。ものづくりであると思い込んでいると、隘路に入り込んで深掘りを繰り返すだけで、波にならない。たとえ優位性のあるシーズでも、必ず大きな波になるという保証はない。波にならないうちに賞味期限が切れて役目が終わるシーズが過去にどれだけあったことか。その場合は古いシーズにこだわることなく、新たなシーズの登場を待たなければならないのである。

イノベーション波動論

波にはいろいろな形があるが、波形が移動せずに同じ位置でとどまっているものを「定常波（定在波）」という。進行しないので、波源の振動が続くかぎり減衰しない波のままでいる。あるイノベーションで社会にインパクトを与えたいなら、定常波を起こさせることだ。一過性の波が通過しただけでは、慣性力の大きな「社会」は簡単に変化しない。定常波で繰り返し刺激を与え続けることが必要なのである。

定常波を起こすには、いくつかの条件が必要になる。その条件を満たす変数がシーズであり、条件はニーズと考えることができる。すると、それを計算する波動方程式がアーキテクチャーということになる。シーズだけをやみくもにいじっても、ニーズを見ていなければ偶然に定常波ができる可能性は非常に低い。有望なシーズを手に、しっかりとニーズを見据えてアーキテクチャーを構築することで、効率的なイノベーションが起こせる。それが定常波となってパラダイムシフトに至ることで、企業は利益を最大化することができるのである。

そのためには、シーズ研究部門だけがいくら頑張っても無理である。ニーズを調査し分析する部門、シーズとニーズを組み合わせてアーキテクチャーにする部門がしっかり踏ん張らなければならない。シュンペーターは「イノベーションの担い手は企業の全部門である」と言ったが、ここに至ってようやくその意味が腑に落ちる。

ところで、量子力学では物質は固体としての性質と波動としての性質を合わせ持つことが証明されている。あらゆる物質は固体であると同時に波動なのだが、質量が大きくなるにつれて波動の性質は目立たなくなり、質量が小さくなると波動の性質が大きくなる。たとえば電子は粒子でありながら波動であり、原子核の周りを定常波として周回している。(この考えはかなり古典的ではあるが、ここではイメージを優先してこの記述にする)

先に定常波には条件があると述べた。電子の場合も同様で、定常波が成り立つような軌道しか周回できない。だから電子の軌道はいくつか決まっていて、低いエネルギーレベルの軌道から高いエネルギーレベルの軌道に移る時は光を吸収し、その逆の時は光を放つのである。このため特定の物質は特定の波長の光を放つ。高速道路のトンネルなどに使われているナトリウムランプのオレンジの光は、ナトリウム原子の周りを回る電子が低いエネルギーレベルに遷移する時に出す光である。

このことをコンドラチェフの波に当てはめると、ひとつの波があるエネルギーレベルの軌道の定常波、次の波はよりエネルギーレベルの高い軌道の定常波と考えることができる。あるパラダイムシフトは定常波であるが、次のパラダイムシフトはそれとは無縁の別の軌道にある定常波となる。当然のことながら、ある定常波に最適化したシステムは、エネルギーレベルの違う定常波には通用しない。

企業が五〇年周期で衰退していく「コンドラチェフの波」は、波動のもつ特殊性に着目すれば、理解しやすくなるのである。

イノベーションとサステナビリティ

ここまで、コンドラチェフの波とイノベーションを説明してきたのだが、その関係を素直に認めると、企業は五〇年を超えて存続できないことになる。あるパラダイムの中で最適化して生き延びた企業は、次のパラダイムでは生存条件が変わってしまい、生き延びることが困難になるからだ。

しかしながら、現実に目をやれば洋の東西を問わず、創業五〇年を過ぎて営業を続けている企業はいくらでもある。それらの企業はことごとく「例外」なのであろうか。それとも、コンドラチェフやシュンペーターが想定していなかった何かがあるのだろうか。

その例外企業が世界で最も多いのが日本である。

日本には創業二〇〇年を超える企業が四〇〇〇社近く存在し、二位のドイツの二倍、三位の英国の八倍もある。以下、米国一五七社、中国七五社、韓国〇社である。日本には圧倒的に持続性が高い企業が多いのだ。

なぜそうなっているのか。その理由は、おそらく成長よりも永続性を求める経営哲学にあるのだろう。日本には古くから「不易流行」という経営哲学があった。「不易」は変わらないもの、「流行」は時流に対応することを意味する。すなわち、企業理念のような志の部分は時代を超えて貫き、営業方針のようなテクニックの部分は臨機応変に変えていくという経営のやり方である。これを実践しているところが多いから、日本には長寿の企業が多いというわけだ。

それに対して、西欧型の資本主義、株主至上主義では短期での最大利益を追求するため、その時代と社会構造に徹底的に特化した企業経営が求められる。そのためその時点では急成長できても、状況が変わると止まってしまう。あたかも、スポーツカーとオフロードカーのようである。西欧型企業はスポーツカー、日本型企業はオフロードカーということだ。スポーツカーはハイウェイでは無類の性能を発揮するが、倒木、崖崩れがあったらもう走れない。対してオフロードカーは多少の障害物なら乗り越えられるし、通過できなければいったん道を外れて迂回することもできる。

この違いは、何を第一の目的にしているかで生まれる。西欧型企業は成長を、日本型企業は永続を目的にしているのである。実際に京都の老舗企業で経営者の話を聞くと、経営の目的は成長や利益ではなく、永続であると明言する。これは株主が一番偉い国では実現できないことだ。

日本の老舗企業のチャンピオンは、創業が西暦五七八年の木造建築工事業、金剛組である。業歴は一四三九年。文句なしに世界最古の企業である（二〇一七年東京商工リサーチ調べ。以下同）。それに次ぐのが、業歴一四三〇年の一般社団法人池坊華道会。そして一三一二年の西山温泉慶雲館、一三〇〇年の古まん、一二九九年の善吾楼と旅館が三社並ぶ。

ハードルを緩めて、創業一〇〇年以上の企業を探してみると、日本国内には三万三〇〇〇社余りある。調査対象以外の企業や自営業も含めれば、おそらく一〇万以上になるといわれる。

その三万三〇〇〇社余りの内訳を見てみると、清酒製造業が八五〇社、貸事務所業が六九四社、旅館・ホテルと酒小売業が同数でそれぞれ六九三社である。産業別では、製造業が八七五一社、小売業が七六二七社、卸売業が七一三八社で、この三業種で全体の七割を占めている。

そして全体の七割が「年商五億円未満」、五割が「従業員一〇人未満」であった。もちろん住友金属鉱山（創業一五九〇年）、養命酒製造（創業一六〇二年）、Ｊフロントリテイリング（創業一六一一年）などの東証一部企業もあるが、日本の老舗企業の多くが小規模であるという傾向は否定できない。

だが、ここに老舗企業が生き延びてきた秘密が隠されている。小規模であること、それは強みでもあるのだ。

老舗企業のイノベーション経営

日本の老舗企業の多くは、先に述べたように成長よりも永続を優先して経営している。企業が永続するとは、時代を超えて顧客価値を提供し続けること、すなわち「なくてはならない会社」であり続けることだ。そのためにはいたずらに規模を拡大せず、本業の周辺で技術やノウハウを蓄積しながら、時代に合った商品やサービスを提供することが必要となる。日本の多くの老舗企業が小規模であるのは、その社是を実現するための最適解である。図体がでかくなりすぎると、全体を維持することが優先的になり、本来の企業目的を逸脱してしまうのだ。

ほんの少し前までは、「企業は常に成長しなければ存在意味がない」というテーゼが真理であるかのように祭り上げられていた。そのために大企業は自国市場が飽和すれば安易に海外市場に進出を図り、グローバル化を目指した。その結果どうなったか。世界に冠たる日本の弱電メーカーたちは枕を並べて討ち死にし、死屍累々の有様になった。ごまかしてでも体面を取り繕おうとした東芝は、企業価値とブランドイメージを地に落とした。

ではグローバル経営は誤りであったのか。結論から言えば「然り」である。歴史的に成功した

ＩＢＭやマクドナルドなどの世界企業は、自分たちの経営手法を「グローバル経営ではなく、マルチドメスティック経営である」と説明している。「グローバル経営」と「マルチドメスティック経営」はどう違うか。簡単にたとえるなら、一神教と多神教の違いである。グローバル経営は唯一神を信仰し、マルチドメスティック経営はさまざまな神さまを信仰するとたとえると、理解が早い。

グローバル経営は世界中の市場を「世界市場」というひとつの市場ととらえ、共通の需要を発見してそれに対応する商品やサービスをできるだけ多く投入する。これにより、最も効率的な生産と供給が実現するのである。そのための供給体制や研究開発、企画、設計、生産、物流についても、最も適した国や地域で集中的に行う。要するに規模の経済のメリットを最大化するやり方だ。経営手法としてはダイナミックで大規模だが、世界市場が飽和したら成長は止まるわけで、あまり頭の良い戦略ではない。少なくとも、創造的ではない。

それに対してマルチドメスティック経営は、母国以外にターゲットとなる国を定め、その国の市場のニーズを深く掘り下げて現地の消費者と良好な関係を維持強化する。それにより、母国同様に現地国での市場シェアを高めてトータルでの成長を目指す手法である。そのためには母国と現地国での商品展開やサービスの手法が異なってもかまわない。味の素がブラジルで販売している調味料「サゾン」や、スズキがインドの子会社で生産している「セレリオ」などが代表例である。グローバル経営のような効率は得られないが、生産ノウハウの流用や材料調達の集約などのメリットがある。特にニーズの異なる市場で知見を得ることができるため、グローバル経営に比べて多様性への対応が進む。

さて、話を戻して日本の老舗企業の経営手法を見ていこう。老舗企業の経営のポイントは、今まさにマルチドメスティック経営でふれた「多様性」にある。一般にたったひとつの顧客価値だけで満足する顧客は三%しかいないといわれる。つまり、多くの顧客に愛されるためには多様な顧客価値の提供が不可欠であるわけだ。企業の寿命が長いということは、長年にわたって多様な顧客価値を提供してきた結果にほかならず、愚直なまでの顧客志向を示している。

人間は経済的合理性だけでは動かない。イギリス国民がEUからの離脱を選択したのは、経済的合理性よりも大事なものを譲りたくなかったからだ。同様に、経済的合理性を錦の御旗に世界の多様性を無視して一色に塗りつぶそうとするグローバル経営は、必ず破綻する。

日本はもともと多神教の国であり、多様性を重視する国民性があった。だからこそ、江戸時代に鎖国をしながらも、長崎の出島などでは世界に窓口を開いていた。多様性を認めるためには寛容さと懐の深さが必要である。そしてなにより、多彩な刺激を受けてもぶれない芯の強さを持っていなければならない。老舗企業の経営哲学に多くみられる「不易流行」の「不易」は、まさにその「芯の強さ」を示している。そして「流行」は多様性への寛容度を表す。

私は本書のタイトルである「ディープ・イノベーション」を知るためには、老舗企業の経営哲学を研究することが早道であると思っている。多様性や時代の荒波を超えてきたしたたかさ、そして何より「コンドラチェフの波」に負けない強さが老舗企業にはある。

京都という「媒質」

波動論の説明のところで、波が発生するためには波源と媒質が必要であると述べた。イノベーションの話に置き換えれば、波源がシーズ、媒質は社会である。ただし、簡単に社会とひとくくりに語るわけにはいかない。あるシーズを波動として伝えてくれる社会もあれば、ノイズとして埋もれさせてしまう社会もあるからだ。さまざまなシーズから多様な波を生み出すような社会があれば、どんなシーズもノイズの海に埋没させてしまうような社会もある。

もちろん、イノベーションに適しているのはさまざまなシーズを受容し、定常波を起こさせてくれるような媒質としての社会である。たとえば、カリフォルニア州のシリコンバレーはＩＴ産業の一大拠点として名高いが、もともとはスタンフォード大学とヒューレット・パッカードくらいしかなかった土地である。それが今ではアップル、シスコシステムズ、グーグル、インテル、フェイスブック、オラクル、サン・マイクロシステムズ、ヤフーなど、錚錚《そうそう》たるＩＴ産業のメジャープレーヤーが軒を連ねている。

では日本にそのような媒質となる土地はあるのだろうか。もちろん、老舗王国の日本なのだから、ないはずがない。それが京都である。

京都は七九四年に中国の長安をモデルとして造営された日本の首都である。この地には五世紀ごろから大陸より渡来した技術者集団が居住していて、農耕、土木、建築、養蚕、製鉄、製紙、陶芸など当時の世界最先端の技術をもたらしていた。つまり、京都は建都の前からイノベーションの受け皿であったのである。

その後一〇〇〇年にわたって日本の中心地であり続けた京都は、文化と先端技術の交錯する空間となる。いわゆる日本文化は京都において花開き、成熟していった。しかし、文化の上にあぐらをかくことなく、伝統と革新を巧みに織り交ぜていったのが京都の特徴である。戦国時代には南蛮文化を取り入れ、中国から渡来した茶を茶道に昇華させていく。後醍醐天皇の言葉「現在の例もかつては新儀であった。朕が新儀は未来の先例たるべし」は、革新が伝統になっていくさまを見事に言い当てている。

その京都が最大のピンチに直面したのが、明治維新による東京遷都である。京都人は遷都でなく奠都であると言うが、とにかく日本の中心は京都から東京にシフトした。これは京都人にとって大きなパラダイムシフトである。

そこで彼らはどうしたか。次々と「日本初」の改革に乗り出し、東京よりも早い近代化に乗り出した。蹴上水力発電所は日本初の一般営業用水力発電所で、そこで生み出した電気で各産業を活性化させ、余った電気はこれまた日本初の電気鉄道である京都電気鉄道に回して交通の便を図った。この電車が、後の京都市電となる。伝統産業の西陣は、フランスに職人と技師を派遣して世界最新の技術を導入し、短期間で西陣織を近代産業に変貌させた。

そのような京都人たちの気質を育んだのは「町衆」と呼ばれる裕福な商工業者の存在である。彼らは公家でも武士でもない立場だが、地域ごとに自治組織を作って活動していた。明治維新の時期には小学校を設立したりもしている。

その町衆の文化が今に続いているのが祇園祭である。祇園祭にかける京都の人たちのエネルギーは並大抵ではない。七月一日から一ヶ月続く祭のピークは「宵山」と「山鉾巡行」で、公道を巡る山鉾はさまざまな美術工芸品で飾り立てられ、「動く美術館」と呼ばれる。山鉾行事そのものが重要有形民俗文化財およびユネスコ無形文化遺産に指定されている。さらにこの時期には旧家や老舗で伝来の宝物が披露され、京都の町は祭一色となる。山鉾巡行に二〇万人、宵山に三〇万人くらいの観光客が集まるという。

観光客は単に山鉾の華麗さだけに魅了されるのではない。これほどの規模の祭を挙行する人々のエネルギーと優雅さに酔い、価値を感じるのだ。一〇〇〇年を超えるイベントが今なお人々を魅了すること。これこそが本物の伝統であり、京都がイノベーションの媒質であることの証明である。

私は最近、京都にある伝統的菓子の老舗経営者と話す機会を得た。彼の会社は京都名物の菓子を独占的に製造販売するのではなく、ライバルたちの多様性を生かして組合として盛り立てていた。組合のメンバーは要望があればヒットした菓子の製法を他のメンバーに喜んで公開するのだという。多くの新製品は人気が一過性で終わるので、多様性を使ってイノベーションになる確率を高めるのだ。こういう知恵が出るのは、伝統の中で揉まれてきた歴史があるからこそだと感じた。媒質としての京都の極意である。

「徳」とイノベーションの関係

老舗企業の経営者たちは、後継者に「徳」を強く求めている。麗澤大学の創立者である廣池千九郎は近江商人の哲学といわれる「三方よし」を世に広めた人物であるが、著書『「三方よし」の経済学』の中で、ある老舗経営者の言葉を紹介している。

「当主（現経営者）は先祖の使用人になって働きなさい。会社はご先祖がおつくりになったもので、当主の所有物ではない。会社の私物化は許されない。当主といえども、自分の一世代だけ、経営を預かっているリレー走者に過ぎない。自分の距離を走ったら、次の走者にバトンを渡す役割をきちんと務めなければならない」

そして会社の経営を継承する時、後継者に最初に継いでもらうものは「徳」であると廣池は書いている。

「徳を継いでもらうとは、徳のある経営を行える後継者を育て、それが未来永劫、代々にわたって続いていくように努めるということです。徳の継承の中身は、第一に、その会社の根本精神をまず受け継ぐことです。次に、共に歩んでいく人材を継承します。そして最後に、資産を継承すると考えるべきです。この順番が大切です」


こう書いていくと、若い読者から「徳とは何か?」と質問されるに違いない。それについては松下幸之助の言葉を引用して答えに代えたい。

「君が『徳が大事である。何とかして徳を高めたい』ということを考えれば、もうそのことが徳の道に入っていると言えます。『徳とはこういうものだ。こんなふうにやりなさい』『なら、そうします』というようなものとは違う。もっとむずかしい複雑なものです。自分で悟るしかない。その悟る過程としてこういう話をかわすことはいいわけです。『お互い徳を高め合おう。しかし、徳ってどんなもんだろう』『さあ、どんなもんかな』というところから始まっていく。人間として一番尊いものは徳である。だから徳を高めなくてはいかん、と。技術は教えることができるし、習うこともできる。けれども、徳は教えることも習うこともできない。自分で悟るしかない」

(『松下政経塾　塾長講話録』)

ちなみに『日本国語大辞典』を引くと、「道徳的、倫理的理想に向かって心を養い、理想を実現していく能力として身に得たもの。また、その結果として言語・行動に現れ、他に影響、感化をおよぼす力。社会的な観点から評価される人格」とある。つまり徳のある経営者は従業員や取引先、顧客から人格者として評価される人物であるわけだ。

老舗の経営者たちは、商いの中には具体的なイノベーションとともに経営者が人格者として評価されることが必要であると考えていた。正直な経営、正直な取引、利益よりも顧客を優先した奉仕の姿勢が商売の成功につながると信じていたのだ。

だがこれはイノベーションの本質を考えたとき、まったく自然なやり方であるとわかる。シュンペーターのいう「顧客価値の向上」が商売の目的であるなら、上記のことは当然の帰結と言わねばならない。そこから導かれるのは、イノベーションは徳を包含したものでなければならないということである。いきなり「徳」という言葉が登場して戸惑うかもしれないが、徳を包含したイノベーションを「ブランド価値」と言い換えたら印象が変わるのではないか。

たとえば熱狂的なアップル信者たちは、スティーブ・ジョブズの思想に共感して、彼を信奉して次々と新製品を購入する。伝えられる人物像では彼は人格者とは言いがたいかもしれないが、彼の魅力が製品の魅力に加わっていることは間違いない。確かにアップル製品は魅力的なデザインに包まれ、イノベーティブな存在感を発しているが、スティーブ・ジョブズの伝記がなければ、彼の伝説的なプレゼンテーションが残されていなければ、あれほど売れただろうか。

イノベーションは公平な社会で開花する

今われわれはコンドラチェフの第五の波の中にいる。パラダイムシフトの真っ最中ゆえに、決定的な技術革新やいつがピークであったかを決定できないでいるが、だからこそすべての人にチャンスがあるといえる。

ただし、これからの企業は画一的なグローバル経営やM&Aで手っ取り早く新しいシーズを求める経営では成功できない。多様性に基づくシーズの発見と、経営者の徳の向上を含んだ顧客価値を最大化する経営が必要となるだろう。

それらのモデルは欧米企業に求めることはできない。あえて探すなら、日本の老舗企業の経営哲学を学ぶことだ。その意味では、日本が次のイノベーションの震源地になる可能性もあるのだ。

そしてもうひとつ、イノベーションは公平な社会でこそ開花するということを忘れてはならない。ホリエモンを刑務所に送っておいて、それよりはるかに悪質な犯罪に手を染めた東芝の旧経営陣がお咎めなしというのは、とても公平な社会とは言えない。彼らを刑務所に送れないのであれば、日本がこれから世界のトップに立つ機会は訪れないだろう。

日本人はまだ、「イノベーションとは技術革新のことなり」という固定観念で凝り固まっている。イノベーションが技術レイヤーだけの話ではないことを理解していないから、政財界が無自覚なままなのだ。日本のイノベーション環境やそれを起こす実力、背景となる公正さを世界は冷徹な目で見ている。少子高齢化で急速に老人社会となりつつある日本がもうひと花咲かせることができるかどうか。今が正念場なのである。

第三章

ＩＴ世界のディープ・イノベーションと「倫理経営」

古池　進

「ムーアの法則」という経験則

「ムーアの法則」は、「半導体集積回路の集積密度は一八ヶ月（後に二四ヶ月に修正）ごとに二倍になる」というもので、インテル創業者の一人であるゴードン・ムーアがフェアチャイルド・セミコンダクターに在籍していた一九六五年に出した論文の中で初めて提唱された。「法則」と名付けられてはいるが、ムーアの法則自体は半導体業界の技術を観測したムーア氏が経験則に基づく予測として提唱したもので、理論的に導かれたものではない。ただし、その後の半導体の技術革新が、ほぼムーアの法則通りに進化したことから、半導体産業では「法則」と呼ぶにふさわしい絶対的な指標として取り扱われてきたのである。

なお、当初は「トランジスタ数が二倍になる」という表現だったが、それは「ＣＭＯＳの微細化プロセス・性能が二倍になる」に置き換えられ、ムーアの法則は「コンピューターの性能は一八ヶ月で二倍になる」と表現されることもある。

参考までに、ムーアの法則の原文（日本語訳）を示しておこう。

「部品あたりのコストが最小になるような複雑さは、毎年およそ二倍の割合で増大してきた。短期的には、この増加率が上昇しないまでも、現状を維持することは確実である。より長期的には、増加率はやや不確実であるとはいえ、少なくとも今後一〇年間ほぼ一定の率を保てないと信ずべき理由はない。すなわち、一九七五年までには、最小コストで得られる集積回路の部品数は六万五〇〇〇に達するであろう。私は、それほどにも大規模な回路が一個のウェハー上に構築できるようになると信じている」"Cramming more components onto integrated circuits", Electronics Magazine 19 April 1965

なお、「法則」と命名したのはムーア自身ではない。カリフォルニア工科大学の教授で、著名な計算機科学者であるカーバー・ミードが名付け親であるといわれている。

ムーア法則の歴史的事実

一九六〇年代から五〇年以上にわたって半導体産業で通用してきたムーアの法則だが、これは偶然の産物ではない。半導体業界は技術を進化させる指標として、数年間のうちに実現させる技術計画であるロードマップを作成し、それを世界の技術者が基準にしてきた。新しいＣＰＵなどの開発には数年単位の年月が必要なので、年単位の技術予測が必要不可欠だったのだ。そのロードマップ作成には、当然のことながらガイドラインが必要になる。ムーアの法則はそのガイドラインとして意味深いものだった。

業界ロードマップのガイドラインとなったために、今度は逆にムーアの法則を堅持させる圧力が生じるようになってきた。現実がムーアの法則から外れると、業界ロードマップが無意味になってしまうからだ。そのためにムーアの法則に合致するべく技術が開発され、イノベーションとなるシーズ技術が生み出されるようになった。何とかムーアの法則を世界の業界関係者一同で維持し続けてきたという図式である。したがって、ムーアの法則は単なる結果論ではない。

ちなみに、「一八ヶ月」としたときのムーアの法則は、二年後に約二・五倍、五年後に約一〇倍、七年後に約二五倍、一〇年後に約一〇〇倍、一五年後に約一〇〇〇倍、二〇年後に約一万倍となる。

ムーアの法則はコンピューターの進化を物語っているが、同時にトランジスタの劇的なコストダウンも示している。たとえば今日のパソコンで標準的に使われているCPUであるインテルのＣｏｒｅ　ｉ5には一三億個のトランジスタが詰め込まれているが、その結果一個のトランジスタの価格は七万分の一円となっている。

ムーアの法則は強力なガイドラインとして機能することにより、業界全体で突出を許さず、自由競争を画一競争にすり替えていた一面もある。言い換えればイノベーションの創造性への寄与を削いでいたともいえる。

これにより、すでに競争優位にあった企業の競争力はさらに温存された。コンドラチェフの波的見地から見れば、次の波を公知化し、「みんなで渡れば怖くない」とばかりに、決定的競争力の差が付くのを避けていたということになる。

業界標準のガイドラインが存在するわけだから、開発競争に遅れたプレーヤーでも何らかのおこぼれがもらえ、それなりの事業成果を分かち合うことができた。やや陰謀論めくが、「世界の半導体経営者はガイドラインに護られた凡庸な経営にあぐらをかき、安心して画一競争をした」と見る向きもある。

まるでカルテルに保護された業界のように、ムーアの法則のもとでエレクトロニクス業界は大きな産業になった。そして米国企業のインテルやマイクロソフトが圧倒的な優位性を堅持し続けたのである。私はこれを、米国のしたたかな陰謀だと睨んでいる。

ムーアのロードマップの下では、事業の盛衰は先手必勝がポイントとなる。果敢な経営判断、設備投資などのリスクの許容が重要になり、リスクの大きな博打的経営になりがちである。叡智よりも決断力を要する経営であるといえる。日本の経営者はこの競争で善戦したが、次第に投資リスクを抱え込んで疲弊した。

米国はリスク低減のため、自国の能力だけではなく、台湾のファブレス産業を後押しするなど新しいビジネスモデルを構築し、一方でライセンスビジネスで中国・韓国など新興国を使った代理戦争を日本に仕掛け、日本の半導体産業の競争力を削いだ。

技術面ではフェアな競争を叫び、その裏では、あの手この手で日本の半導体メーカの競争力を低下させるための包囲網を形成したのである。この米国のしたたかな戦略を向こうに回して、日本の経営者や官僚は、ひたすら怠惰で無知であった。

ムーアの法則の限界

これまでムーアの法則を守り続けてきた半導体業界だが、すでに微細化の技術は行き詰まりをみせている。微細化が進むにつれて消費電力の低減が難しくなり、ムーアの法則を堅持することが困難になってきたのだ。

仮にムーアの法則通りにことが運べば、二〇二〇年にはプロセスルールは二ナノメートルに突入する。これは原子一〇個分というスケールで、量子論の影響がこれまでにも増して大きくなるため、電子の安定した挙動が期待できなくなる。つまり、「もはや微細化すればするほど性能が向上するという単純な解を描けない領域に到達するときが目前に迫っている」ということだ。

正にパラダイムシフトが迫っているわけであり、これがよくいわれる「Ｂｅｙｏｎｄ　ＣＭＯＳ」時代の到来なのである。

ムーアの法則はショックレーから現在まで、微細化を限りなく影響のない状態に近似修正したバンド理論で理論武装し、現実を見事に説明づけてきた。日本の学界もそれについては大きな貢献を残している。

なぜこれほど効率的に進められたのかといえば、やはりロードマップであることの凄さに尽きる。前に創造性を削いだ競争を強要したと述べたが、そのマイナスよりも世界の叡智を集中させたプラスのほうが大きいのである。イノベーション波動説の見地から論じると、アーキテクチャーが優れていたのだ。ムーアの法則はそれ自体、最高のアーキテクチャーだったのである。

しかし、今後もムーアの法則がこの延長線上で解決できるのかといえば、それは怪しい。二ナノメートルプロセスではもはや不可であり、技術面でもパラダイムシフトが強く求められる。二ナノメートルの微細寸法となると、どんなに巧みに近似しても、平均化したバンド理論では不十分である。二ナノメートルの世界を説明するためには、個別の結合状態そのものを論じる深みのある量子理論でなければならない。しかも、論じる人に高度な専門的資質が求められる。

多様性の具現化……ＣｅＲＡＭ

このあとの第五章で、カルロスがシーズ研究の事例としてＣｅＲＡＭを解説する。この研究はニーズから発想したシーズの探求だ。残念ながら何度説明を受けても、私には完全に理解できない。ＣＭＯＳ半導体、ムーアの法則のパラダイムで育った者の限界で、ディープダイビングできないのだ。

おそらく、ＣｅＲＡＭの解明には深い専門性が求められ、世界の分野の違う専門家の叡智の結集が必要なのだろう。カルロスは深い専門的知識と研究推進者として多様性を重んじる資質を持っている。それは、これからのリーダーに求められる素養である。

細かい技術論を理解できなくとも、今がパラダイムシフトの時代であるとの認識が常に必要であり、すべての部門のリーダーにその資質が求められているのだ。自ら時代の海にダイビングし、もがき苦しむ覚悟が必要である。資質がないのに「任せた」の言葉で丸投げするようでは、これからの時代のリーダーとはいえない。

最近の大企業の経営者、天下り官僚、大衆迎合型政治家には、そのような資質が微塵も感じられない。そんな連中にパラダイムシフトを任せるわけにはいかない。松下幸之助は「経営者の要諦は人材を見抜く力」と述べている。これからのリーダにエールとして送りたい。

近年、ＡＩとＩｏＴの新事業が注目され、さまざまな計画が発表されている。二〇一八年のアメリカ・ＣＥＳ（コンシューマー・エレクトロニクス・ショー）でも見られたように、ＡＩとＩｏＴを統合して「スマートシティ」を作り上げようという構想が次のイノベーションであるかのように語られている。

そこで中心的なプレーヤーになるためには、ニーズであるＩｏＴの世界を創造的に形成し、核となるシーズのＡＩに集中する必要がある。そこにディープダイビングして、多様性を活かすアーキテクチャーをバランス良く構築し、波動を起こすのだ。そして、顧客価値のイノベーションを提供するのである。

環境と共生する戦略が急務

かつてのグローバル戦略は、地球環境との共生という面でもすでに破綻している。たとえば工業資源の埋蔵量をみてみると、石油はあと四〇年で枯渇すると予測されているが、銅はあと三〇年、銀はその半分の一五年、インジウムに至ってはあと六年分しか埋蔵量がない。

その一方で、二酸化炭素などの温室効果ガスの排出削減は進んでいない。先進国がいくら努力しても、それに倍する勢いで途上国の排出量が増加していくからだ。二〇〇八年に全世界で二九五億トンであった二酸化炭素の排出量は、このままいくと二〇五〇年には五〇〇億トンになってしまう。全地球的取り組みで半分の二五〇億トンに削減しなければ、地球環境に計り知れない悪影響が出るだろう。

それらの事実が意味するものは、産業の徹底的なパラダイムシフトが必要だということである。低エネルギーで完全なリサイクルシステムを備えた産業を生み出さなければ、人類は滅んでしまう。

安価な石油資源を浪費することで巨大化した世界経済だが、その巨大さゆえに連続した経済成長が必然的に求められてきた。だが地下資源が有限であるのに、無限の経済成長などできるはずもない。宇宙旅行が自在にできるようになっていれば、星間規模での植民地開発といった夢物語も一案だが、それはＳＦ映画や小説の中だけの話だ。

つまり、グローバル経営はすでに破綻したということである。破滅に至る成長を求めることなく企業を、そして国家を、ひいては人類社会を繁栄させる方法は何か。ここにきて前章の「老舗経営」がヒントになるだろう。「成長」よりも「永続」を求め、いたずらに規模を大きくしない経営。経済原則だけでなく、「徳」という哲学の要素を柱に据えた経営。古臭い、時代に合わないと一笑に付すのではなく、最新の経営戦略として見直してみる必要がある。それこそがディープ・イノベーションなのではないか。

経営理念を「棚卸し」する時期に来ている

私が以前に経営者として在籍していた松下電器。そこには経営理念として有名な「水道哲学」があった。水道は人々の生活に欠かせない重要なインフラである。そこを流れる水のように、

「価値あるものを安く、無限に供給し、世界の文化生活に貢献することが産業人の本分である」というのが松下幸之助の水道哲学である。

この経営理念のもとで松下電器は発展し、社名をパナソニックに変えても経営理念は変えずに維持してきた。

だがそれが間違いだったのではないかと私は今思っている。いたずらに創業者の言葉を一言一句変えずに信奉するのではなく、その考えの根本を活かし、時代に合わせて経営理念も刷新してくる必要があったのではないか。

そもそも現代社会において、水は安価で無限に得られる資源ではなくなりつつある。二〇二五年には世界の人々の四〇パーセントが深刻な水不足に悩まされるだろうという予測がある。実際に、日本の水源地が中国人によって買い占められつつあるというニュースをときどき耳にするが、水も石油同様に枯渇する資源なのである。

では水道哲学をどのように改変するのがよいか。私は「太陽哲学」と改めるべきだと考えている。地球表面には年間で一平方メートル当たり七三万キロカロリーの太陽エネルギーが降り注いでいる。もちろん太陽だって寿命があり、永久不滅というわけではないが、少なくとも人類の歴史が続いている間は持続可能であろう。

そもそも、地球上のすべての生命と経済活動のエネルギー源は、一〇〇パーセント太陽エネルギーに依っている。石油だって元は太陽光線を受けて成長した植物なのである。わずかに原子力エネルギーのみが太陽に依らないエネルギーといえるが、人類はなかなかそれを自在に制御するに至らない。

したがって、二一世紀の現在に合わせて松下幸之助の言葉を翻訳するならば、「地球上のすべてのものや行為に太陽エネルギーの恩恵を均一に安く行き渡らせること」となる。私が副社長であった時代に、これを提唱し、定着させるべきであった。経営者として未熟であったと反省を禁じ得ない。

老舗企業の経営哲学である「不易流行」は、こういうことを意味しているのである。いたずらに経営理念の堅持を叫び形骸化させていくことは、企業の滅びを早めるだけなのだ。

松下電器からパナソニックに社名変更したとき、「社名は変えても経営理念は変えない」が大方針であった。経営理念の絶対視化だが、それが間違っていたことはその後のパナソニックの業績を見れば明らかである。そもそも社名の変更が時代や環境の変化に対応した施策であったのなら、経営理念の「翻訳」も同時に必要であった。しかし「どこを変えてどこを残すか」の判断を経営者ができなかったことが、企業としての舵取りミスである。私自身について白状すれば、サラリーマン経営者である私には変えることが怖く、勇気がなかった。経営理念の刷新を提案したのは、創業家出身の役員だけであった。つまり、経営理念を座学で学んだ者と、日常的に指導を受けてきた者との差である。

「MB賞」の意味するもの

松下幸之助は「水道哲学」から導かれる考えとして、「企業は社会の公器」と言い続けていた。常に顧客に価値を提供し続ける努力と創造を惜しまず、社会に必要とされる企業であり続けようというスタンスである。これは、「成長」よりも「永続」を優先させて顧客第一主義を貫く老舗企業とまったく同じ考え方である。

現在、世界標準の経営品質の指標となっている「MB賞（マルコム・ボルドリッジ賞）」というものがある。顧客満足の改善や実施に優れた経営システムを有する企業に授与される賞で、別名「米国国家経営品質賞」ともいう。製造、サービス、中小、教育、医療などの部門があり、授賞式では大統領自らが表彰を行う権威ある賞である。

審査は経営品質（TQM＝Total Quality Management）の考え方に基づき、「リーダーシップ」「戦略策定」「顧客・市場の重視」「情報と分析」「人材開発とマネジメント」「プロセス・マネジメント」「業績」などの七部門で採点され、一〇〇〇点を満点とする点数で競われる。

もとはといえばＭＢ賞は日本のＱＣ（Quality Control）を徹底的に研究して作られたものである。ただし、ＱＣが製造工程を中心とした品質管理の手法であるのに対して、ＭＢ賞は全社的な経営システムが審査対象になる。このあたりは、イノベーションをいつまでも「技術革新」と誤訳し続けて世界に後れを取っている日本の姿に重なる。

この賞は一九八〇年代におけるアメリカの国際競争力の落ち込みに対処すべく、一九八七年のレーガン政権の下で製造業再生のための戦略的ガイドラインとして創設された。名前の由来は、その設立に尽力した商務長官にちなんでいる。ＭＢ賞の根底に流れる考え方や視点は、アメリカの産業が衰退した理由を「顧客第一主義の欠落」としていることだ。それはすなわち、松下幸之助や日本の老舗企業が大切にしてきた経営哲学と反対のことを、かつてのアメリカ企業が行ってきたことを意味する。日本の大企業もそれに追随してきたのだから、没落するのは当然であった。

ＭＢ賞が目指しているのは、優れた企業経営の手法を広く提示し、その審査基準をベンチマークとして、他の企業の経営品質を向上させていくことである。受賞企業に学ぶことで、アメリカ全体の企業が経営品質を底上げしていくことを狙ったものだ。これまでに、モトローラ、テキサス・インスツルメンツ、リッツ・カールトンといった経営革新に成功した国際的な大企業が、受賞企業として名を連ねている。

このＭＢ賞を逆輸入して一九九五年に創設されたのが、日本版のＭＢ賞といわれる「日本経営品質賞」である。

松下経営理念の本質

松下幸之助の経営理念や経営に関する金言は数多く残されている。代表的なものだけを列挙しても、「事業部制」「水道哲学」「企業は社会の公器」「身の丈経営」「無借金経営」「雨が降れば傘をさせ」「商品を作る前に人を創る」「二五〇年長期ビジョン」などがある。

これらの金言の特徴は、市場資本主義経営よりも経営の倫理観を重視していることだ。すなわち老舗企業の「徳」に通じる経営観なのである。松下幸之助も老舗企業の経営者たちと同じく、成長性よりも永続性を重視していたことがわかる。

「倫理」とはあまりポピュラーな言葉ではないが、簡単に言えば「人の生きる道」である。「道徳」と言い換えることもできる。よく「人の道に外れた行い」などと言うが、その「人の道」こそが倫理である。一時期流行した「不倫」という言葉は、人の道を外れた行いという意味である。ファッションのようにもてはやされるべき言葉ではない。

松下幸之助は「商品を作る前に人を創る」と言ったが、それは彼の人材観、人事方針を示していた。経営理念を十分に理解して、常にその方針に沿って、使命の達成に努力するする人材を育成することが彼の人事方針であった。また、「自立した本物のプロ」を育成し、それら強い個人をつなぐチームワークを求めた。いわゆる「全員経営」である。

幸之助の経営は常にその中心に「人」があった。個人の個性と挑戦意欲をあくまでも尊重し、仕事を通じた成長と自己実現を大事にした。そして経営への貢献度に基づく処遇と登用を行い、オープンで納得性の高い評価を貫いた。

こうした「全員経営」「実力主義」「人間大事」の人材育成が、松下電器の競争力の源泉となっていったのだ。人の潜在力と資質が企業の競争力を決め、長期間にわたって模倣されない企業を築き上げる。老舗企業の永続性を支える考え方である。

松下幸之助の経営の特徴といえば、一番に「事業部制」を挙げる人が多いが、彼が事業部制を敷いたのは、「人事」「経営」「経理」の三位一体で事業運営を行うためである。この三位一体が崩れると企業は腐る。二五〇〇年にわたる反映を実現するためには、三位一体のユニットを複数組み合わせることで企業を構成しようと幸之助は考えたのだ。

「倫理経営」の再評価が必要

日本人の精神的バックボーンは「武士道」であるといわれる。それは『武士道』を英語で著述した新渡戸稲造が武士の子孫であったためだが、本にこそなっていないものの、車の両輪のように武士道に対して「商人道」が存在していたことを忘れてはならない。

日本人は太古の昔から、正直、誠実であることを美徳としてきた。邪馬台国の時代に書かれた『魏志倭人伝』にも「窃盗せず訴訟も少ない」と書かれていたほどである。その精神性の上に築かれたリーダーシップが武士道であり、経済活動の要諦が商人道であるのだ。

その商人道が現在まで保たれているのが老舗企業である。経営の隅々まで顧客第一主義が浸透し、その地域になくてはならない企業として存在し続ける。その商人道のあり方は、倫理経営という名にふさわしい。日本の産業界が復活する道は、倫理経営を極めることだ。松下幸之助や、老舗企業の代々の経営者たちが愚直に歩んできた道に学び、それを現代の経営にふさわしい形に翻訳し、不易流行の精神でみずからの強みを活かした経営を確立する。では、それは具体的にどのようなものになるのだろうか。

私はそれは「イノベーション経営」であろうと考えている。かつてのグローバル経営時代は、顕在化したニーズを素早く追えばよかった。顧客が求める機能をいち早く市場に投入することで優位性が確保でき、そのスケールを世界に広げれば成長が果たされた。

しかし顕在化したニーズの市場が飽和して物余り時代に入ると、潜在ニーズを追う必要が出てきた。顧客に新しい価値の広がりを提案し、ネットワーク化、機器連携による利便性などを提案するインテグレーション商品が高い付加価値をもたらすようになった。

イノベーション経営は、その次の経営手法である。顧客に時代を先取りした価値を提案するために、異分野の技術を融合させたり、新規事業を創出したりする。そうして生まれたイノベーション商品は、付加価値やブランドを超えて文化の領域に至る。このような商品は参入障壁が高く、顧客満足度も高い。かつてスティーブ・ジョブズがｉＰｈｏｎｅで実現したのがこれだった。

（一）顧客が求める機能をいち早く提案
（グローバル競争の中で優位性を確保）
（二）顧客に新しい価値の広がりを提案
（ネットワーク化・機器連携による利便性を提案）
（三）顧客に先取りした価値を提案
（異分野技術融合で新規事業を創出）

こうしてまとめると、イノベーション経営は徹底した顧客第一主義からしか生まれないことがわかる。その上で、自社のみが提供できる価値と顧客が求めている価値の重なった領域を探り、そこからイノベーション商品を生み出していくのだ。

倫理経営とイノベーション経営は時代も概念もまったく異なるように思えるが、そのそこを流れるものは同じである。それに気づいた者だけが、コンドラチェフの波を乗り越えていけるのだ。

第四章　ディープ・イノベーションの実例

——Ｓｕｉｃａの開発と展開——

椎橋章夫

当たり前の風景

二〇一七年のある日、都会のターミナル駅で改札口の風景を眺めてみたとする。たとえば時刻は朝のラッシュ時。大量の乗降客が改札を通過していくが、そのほとんどがＩＣカードの利用客である。磁気近距離券や磁気定期券の利用者はごく少なく、なんらかの理由で有人改札を通過していく人はさらに少ない。大多数のお客さまが定期入れに収納したＩＣカードや携帯電話・スマホの「おサイフケータイ」機能を使って、スピーディーに改札ゲートを通過していく。最近ではお客さまも慣れてきて、警告音とともにゲートが閉まる光景も少なくなってきた。誰もがＩＣカードを利用するため、精算機を使って料金精算をする人の姿も激減した。むしろ、精算機を利用するのはＩＣカードにチャージするためだったりする。

しかし、今では当たり前になったこの改札口の風景は、この十数年のことでしかない。鉄道系ＩＣカードの草分けといわれる「スイカ」が登場したのは二〇〇一年一一月一八日だから、そこから起算しても歴史は二〇年に満たない。全国一〇事業者の鉄道系ＩＣカードが相互利用ネットワークで結ばれたのは二〇一三年三月のことだから、今のような利便性が生まれてから四年しか経っていないのだ。

それ以前の改札口はどうであったか。磁気近距離券、プリペイド型磁気カード、磁気定期券、磁気大型券が主流であった時代は、自動改札機に切符やカードを投入する必要があった。それは当時としては最先端の技術で、人が改札を通過するわずかな時間のうちに切符やカードを搬送し、データを読み込み、必要な処理をして放出していた。そのため機械の内部には多数の回転部分、摺動部分、印刷、穴開けパンチ機構などが存在し、多くのメンテナンスを必要とした。また、自動改札機への異物混入などによるトラブルは日常茶飯事であった。

さらに昔の改札口は、人間による集改札業務であった。もう年配の人しか記憶していないと思うが、専用のハサミを持った駅員が、人によってはハサミをリズミカルに鳴らしながら切符や回数券にハサミを入れ、定期券を目視でチェックしていた。改札口には必ず人がいたから、それなりのスペースを必要とし、ターミナル駅で大量の乗降客をさばくのは非常に困難であった。

紙の乗車券からスイカまでの歩み

今度は歴史を一八七二年（明治五年）の「汽笛一声」から眺めてみよう。

鉄道乗車券は長い間、紙に印刷された切符が主流だった。定期券も周遊券もみな紙で、駅員が目で見てハサミを入れていた。しかし高度経済成長期になると朝夕の通勤・通学客によるラッシュが社会問題化し、改札自動化の気運が高まっていく。

磁気の近距離券と定期券の採用による自動改札システムを最初に実用化したのは、一九六七年の阪急・北千里駅だった。立石電機㈱（現・オムロンソーシアルソリューションズ㈱）の機械が設置され、関西の鉄道に広まっていった。

関東の鉄道は乗り入れ・乗り換えの連絡運輸が多いため、自動改札化はなかなか進まなかったが、一九九〇年にＪＲ東日本が本格導入に踏み切ったことを契機として、一気に自動化の流れが進む。

首都圏の自動改札化が進むと同時に登場したのが、「ストアードフェア（ＳＦ）」と呼ばれるサービスである。これは磁気情報を持ったプリペイドカードで、自動改札機にそのまま投入することにより、乗り降りすることができるシステムである。最初に登場したのはＪＲ東日本の「イオカード」で、一九九一年三月のことだった。それまでにも「オレンジカード」と呼ばれる磁気方式のプリペイドカードは存在したが、オレンジカードは現金を使わずに券売機で切符を購入するためのもので、改札を直接通ることはできなかった。

磁気カードによるＳＦサービスは鉄道各社局が独自に導入していったが、やがて地域の鉄道各社局が一枚のカードで利用できるシステムへと成長していく。関東の「パスネット」、関西の「スルッとＫＡＮＳＡＩ」である。

これらの磁気カードをＩＣカードに置き換えたのが、「スイカ」をはじめとする鉄道各社局の新サービスだった。これにより、お客さまは次のメリットを享受することができるようになった。

・乗降の度に自動改札機にカードを通す必要がなくなった
・チャージをすることで一枚のカードを何回でも使える
・提携しているサービス圏内を自由に乗り降りできる
・定期券での乗り越し精算が不要になった
・提携店で電子マネーとして使える

これらのメリットは「スイカ」が進化するにつれて飛躍的に拡大していった。今ではほとんどの大手コンビニで「スイカ」による支払いができる。そして「オートチャージ」機能を設定していれば、現金でチャージする必要もない。

登場当初こそ、「磁気カードを非接触型ICカードに置き換えただけ」と見られていた「スイカ」だが、今ではJR東日本の顧客サービスの柱にまで成長している。なぜそれが可能だったかといえば、「スイカ」が筋のよいイノベーションだったからにほかならない。

「磁気式」にいったん道を譲る

前述のように紹介すると、「スイカ」がすんなりと磁気カードの後継システムとして採用されたかのように見えるかもしれないが、実際はそうではない。常に「実現できるのか?」という不安と戦いながら、不可能をひとつずつ潰していった苦難の道があるのだ。
次に、その歴史を振り返ることにする。

一九八七年（昭和六二年）、民営化直後のＪＲ東日本において、ＩＣカードの活用に関する検討が始まった。ＩＣカードとは、名刺サイズのプラスチックカードにＩＣのチップを埋め込んだもので、欧米では「スマート・カード」とか「チップカード」と呼ばれていた。

ＩＣカードの利点は、磁気カードに比べてはるかに記憶容量が大きいことだ。セキュリティに関しても格段のメリットがある。当時は関西を中心に磁気式の切符が導入され普及していたが、ＪＲ東日本としてはその先のシステムを見据えていたのである。

ＪＲ東日本グループ内でＩＣカード開発のリーダーだったのは、三木彬生（しげお）さんである。三木さんは国鉄時代から「スイカ」の原型となるカードを開発していた。「スイカ」開発期の代表的な技術者だった。

ところで、ＩＣカードには大きく分けて「接触式」と「非接触式」の二種類がある。接触式は文字通り読み取り装置がカードの接点に接触して情報をやり取りする方式で、銀行のキャッシュカードやクレジットカードがこの方式である。情報交換が確実にできるのが利点だが、自動改札に使うには処理に時間がかかりすぎる難点があった。さらに、磁気カードは「いちいち取り出して自動改札機に投入するのが面倒」との批判があったが、接触式ではその問題を解決できない。

もうひとつの「非接触式」は、カードに接点を持たず、アンテナを介した無線でデータ通信を行う。お客さまはカードを機械に投入する必要がないので、たとえば定期入れに入れたままで改札を通過することも可能になる。だからデータ処理の速度が十分に速く、そして確実に処理できるなら、こちらの方式が自動改札には有望といえた。

このため非接触式ICカードの開発が、三木さんを中心に進められていく。

その後、ICカードの試作品が一九八八年に完成した。その頃、JR東日本は一九九〇年からの本格的な自動改札導入を決定した。しかし、そのシステムとして関西圏で実績のあった磁気式を採用した。ICカードの開発が間に合わないと見ての決定である。こうなると向こう一〇年は磁気式の天下となり、ICカードの出番はない。JR東日本が磁気式を導入すれば、関東の鉄道各社局も追随するのは火を見るよりも明らかである。絶望的な状況を見て、メーカー各社はICカードの開発中止を通告してきた。

だが、ICカード開発陣はあきらめなかった。一〇年は出番がないということは、その先に出番が待っているかもしれないのだ。「負け組」と腐ることなく、次の出番を信じて、ICカードの静かだが着実な研究が続いた。

フィールド実験へ

この当時、私はJR東日本で駅の設備を担当していた。駅の設備には当然のことながら自動改札機も含まれる。自動改札機の寿命は約一〇年だから、二〇〇〇年頃に大規模な取り替えが行われることはわかっていた。その必要金額は三三〇億円。準備には二、三年かかる。そこで磁気式を踏襲するのか、あるいはICカードなど新しい方式に転換するのかも大きな問題だった。

私は三木さんたちの開発を知っていたので、それがうまくいくなら採用してみたいと思っていた。磁気式には欠点がある。紙の定期券なら駅員に見せるだけで通過できたのに、磁気式になったら定期入れから取り出して自動改札機に通さなくてはならなくなったからだ。鉄道各社局の合理化のために、お客さまに不便を強いることになったのである。これはお客さま目線のサービスとはいえない。

私は三木さんたち開発チームにフィールド実験を提案した。実際の駅の設備で非接触式ICカードによる乗車券システムを稼働させてみるのである。要するに、使えるか使えないかを実際の現場で試そうというわけだ。

第一次フィールド試験は、一九九四年二月に東京駅ほか八駅で四〇〇名のモニターを使って行われた。しかし、さんざんな結果に終わった。情報の読み取りエラーが磁気式の二〇倍にものぼってしまったのである。これでは次世代システムとして採用するわけにはいかない。

失敗の原因は、使用する電波の周波数にあった。当時は、「どのような周波数の電波が自動改札機の利用に適しているか？」すら手さぐりの状態だった。正に試行錯誤の連続だったのである。非接触式を売り物にすることに気を取られ、自動改札機からかなり離れた距離でも使えるようにと選定した「準マイクロ波」がエラーを招いていたことがわかった。また、「カードを自動改札機にかざす」という使い方も、お客さまが混乱するもとになっていた。どのくらいの距離でかざすのか、水平にかざすのか垂直にかざすのか、そのあたりがわかりにくいことが問題だった。落ち着いて考えれば、電波は目に見えないので当然のことだった。

このころから、「お客さまの使い勝手」を最優先で考えるという開発手法が定着していった。スイカ躍進のカギといわれる「お客さま第一主義」が生まれたのは、皮肉なことに初期のＩＣカードの使いにくさにあったのである。

一九九五年四月、東京駅ほか一三駅で七〇〇名を超えるモニターを使った第二次フィールド試験が実施された。使用電波を「準マイクロ波」から「短波」に変え、通信領域を「ラクビーボール型」から「半球型」に改善。また読み取り装置とＩＣカード間の通信速度を三・五倍に上げた。エラー発生の際に、お客さまが自動改札機の入口まで戻らなければならなかったのを、もう一度ＩＣカードをかざせばいい処理に変えた。これは「振り返り処理」と名付けられ、今のスイカでも採用されている。

だが、今回の試験結果も満足にはほど遠かった。エラー率は大幅に下がったが、まだ磁気式を上回るには及ばず、新たにICカードに内蔵させるバッテリーの問題が発生してきたのだ。バッテリーを使うことでのデメリットに加えて、バッテリー自体の不良率が無視できないほど高かった。この結果、ICカードにバッテリーを搭載せず、通信時に電波で電力を供給する現在の方式が定まった。

大発明「タッチ&ゴー」

最後に残った問題は、自動改札機での処理時間の確保だった。磁気式自動改札機では、乗車券や定期券を取り込んで処理するため、自動改札機の側で処理時間を確保することができた。しかしお客さまがICカードを手に持ったまま自動改札機を通過するICカード自動改札機では、処理に必要な〇・二秒の確保がむずかしい。ICカードの「存在確認」「認証」「読み出し」「判定」「書き込み」「書き込み確認」という一連の処理を行うのに〇・二秒かかるのだが、急いでいるお客さまは〇・二秒以下で通過しようとする。するとエラーになってしまうのだ。

対策会議が何度も開かれたが、決定的な答えは見つからない。スタッフ一同に焦りの色が濃くなってきたころ、画期的なアイデアが飛び出した。

「カードをかざすのではなく、ふれるようにしたら……」

それまで私たちは「非接触」という画期的な概念を最大の特徴としていたが、その裏で、この概念に縛られていたのだ。非接触にこだわるあまりに、問題解決の糸口が見えなくなっていたのである。

そもそも非接触の魅力は、乗車券や定期券をいちいち自動改札機に挿入しなくてすむという点にあった。定期入れから定期券を取り出して挿入するのが厄介だったわけで、それさえなければ「かざす」でも「ふれる」でもユーザビリティーは大差ない。だったら「ふれる」でいいのではないか。

「かざす」の難点は、目標が定めにくいことにあった。それを「ふれる」に変えれば、自動改札機の特定の部分を目標にできる。そのように自動改札機をデザインすればいいだけだ。するとお客さまはその一点を目がけて乗車券や定期券を接触させてくれる。すると電波による通信領域に確実に入る。「ふれる」ためにはお客さまが通過する速度を落とさなくてはならないが、それにより余裕で〇・二秒が確保できるはずである。「ふれる」方式が問題点を一気に解決してくれたのである。

あとはお客さまに迷わず「ふれる」動作をしてもらうように導けばいい。これは自動改札機の読み取り機面を手前に一三度傾けたデザインが、最もエラーが少なく使いやすいことがわかった。

「ふれる」という動作には、「タッチ＆ゴー」という名称がつけられた。

「タッチ＆ゴー」とは、航空機の操縦訓練でよく行われる着陸と離陸を同時に行う機動の名称である。車輪を滑走路に一瞬だけ接触させ、そのまま離陸していくことで、着陸と離陸の訓練が短時間にできるのだ。このカッコいい言葉を使ったことで、「かざす」とか「ふれる」といった曖昧な動作がピタリと固定された。

もうひとつ、「タッチ＆ゴー」が切り拓いたことがある。それは、「技術の限界を運用で突破した」ということだ。お客さまが「タッチ＆ゴー」という言葉を受け入れてくれたことで、非接触から接触への退歩を消し去ることができたのだ。

ついにフィールド試験合格

私たちがＩＣカードの開発にやっきになっていたころ、ＩＣカード開発メーカーの一社であるソニーが、香港の交通機関六社で共同運用するＩＣカードシステムの競争入札に勝ち残った。驚いたことに、香港側の要求するスペックは、私たちが開発していたＩＣカードとほとんど同じであった。

一九九七年、「オクトパスカード（八通達）」と名付けられたＩＣカードシステムは、香港の鉄道事情をがらりと変え、スムーズな改札はよどみがちだった人の流れを効率化した。これは私たちが目指していた未来の鉄道の姿だった。

ただし、オクトパスカードをそのまま日本に持ってくることはできない。香港には定期券がなく、「定期券と乗車券の併用」といった複雑な問題を考える必要がなかった。また、鉄道網の規模が日本と香港では圧倒的に違う。日本でのＩＣカード導入には、まだまだ解決しなければならない山がそびえ立っていた。

オクトパスカード運用開始と同じ年の一九九七年、四月から一一月までの七ヶ月をかけて、第三次フィールド試験が実施された。ここで使われたＩＣカードの仕様は、実用のスイカとほとんど同じとした。このときからＳＦカード機能が付加され、あらかじめチャージされた金額から、乗った区間の運賃を自動的に引き落とすことができるようになった。これにより、ＩＣカードのシステム導入エリア内であれば、乗車券の購入と精算が不要になった。今でこそ当たり前になったが、これは画期的なサービスであった。

第三次フィールド試験の結果は良好で、信頼性、利便性ともに期待通りの結果を示した。これにより、世界最高のサービスレベルを持つ自動改札システムが誕生したのである。

導入費用一三〇億円を捻出せよ

非接触ＩＣカードによる自動改札システム実用化の目途はついた。次の難題は、いかにしてこれを会社に認めてもらうかである。一九九〇年に導入した磁気式の自動改札機は二〇〇〇年には寿命を迎え、取り替えが必要になる。その金額は磁気式に更新するだけで約三三〇億円。そして設備をＩＣカードにも対応する場合には、さらに一三〇億円が必要であることがわかった。新規投資の一三〇億円さえクリアすれば、全社挙げてのＩＣカードによる自動改札システム導入が可能となる。

私たちはその一三〇億円を、「メンテナンスコスト削減で捻出可能」と試算した。磁気式の自動改札機は接触式のために多くの可動部分を持っている。そのために券詰まりなどによるトラブルが日常的に発生し、多額のメンテナンス費用がかかっていた。ローラーや磁気ヘッドの摩耗も避けられなかった。

だが、非接触式ＩＣカードによる自動改札機なら、可動部分がないために消耗品の交換や可動部分の調整、券詰まりなどのメンテナンスコストがいらなくなる。ＩＣカード導入当初は磁気式自動改札機も併用するのでメンテナンスコストはあまり変わらないが、徐々にＩＣカードが主流になっていけば、磁気式の自動改札機を引退させることができる。するとメンテナンスコストが漸減していくというもくろみだった。検討の結果は投資額とメンテナンスコストの減が一〇年でほぼ同額というものだった。もうひと押しする何かが必要だった。

最終的にICカード採用の決断を後押ししたのは、私たちが描いた「未来図」だった。ICカードが鉄道事業を中心とした三重の同心円で広がっていく様子を描いたもので、最初の円は鉄道事業のみでのビジネス、次の円がグループ企業を巻き込んでのビジネス展開、そして一番外側の円が、銀行やクレジット会社、他の鉄道各社局との提携による広がりを示していた。

すなわち、最初は定期券、SFカードの機能をお客さまに使ってもらい、次にビューカードの決済機能を持たせてグループ企業やキオスクで電子マネーとして使ってもらう。そして最後はクレジット、電子マネーの世界で鉄道から離れたビジネスに展開していこうというものだ。

このプレゼンが功を奏し、一九九九年三月、JR東日本の取締役会でICカード式出改札システムの導入が決定したのである。

ICカードのブランド化

実際にシステムを構築し、ビジネスを始めるとなると、適切なネーミングやキャラクターの設定が必要になる。これについては、内部の技術屋で考えていてもしかたがないので、広告代理店に頼んでコンペを行った。その結果決まったのが「スイカ（Ｓｕｉｃａ）」である。Super Urban Intelligent CArd の頭文字を並べたものだが、同時に「スイスイ行けるＩＣカード」という意味も込められている。

キャラクターは、さかざきちはる氏の描くペンギンのイラストに決定した。ネーミング、キャラクターともに現在まで使い続けられているところを見ると、成功したといえるのではないか。まだ多くの人が未体験の非接触ＩＣカードというシステムに、覚えやすいネーミングと親しみやすいキャラクターが与えた功績は大きい。

こうしてスイカは正式デビューへの秒読みを開始した。二〇〇一年一月には、大規模なモニター試験のプレス発表が行われた。モニターになっていただくお客さまを公募し、実際の路線でスイカを使った試験を行うのである。試験路線は埼京線で、モニター規模は一万人。ところが応募が三万人もあり、それだけで大きな話題となった。

この「埼京線モニター試験」は同年四月から三ヶ月間、埼京線の恵比寿駅から川越駅までの二七駅を対象にして、自動改札機四五五台、券売機八七台、精算機五二台、窓口精算機七二台、カード発売機二〇台を使い、一万人のモニターで行われた。

この試験では一七万件を超えるスイカの利用があり、多くの好意的意見と少数の批判的意見をいただいた。予想外だったのは、モニター応募者の半数が女性だったことだ。当初の予想では男性サラリーマンが多いのではないかと思っていたが、そうではなかった。そして、その女性たちは胸を張って自慢げにスイカを使って自動改札機を通っていた。私はその姿を見て、「スイカは大化けするかもしれない」との予感を抱いた。

スイカの正式デビューは、二〇〇一年一一月一八日日曜日となった。その日付になったのにはわけがある。新しいシステムの運用には、いきなり負荷をかけるのではなく、徐々に負荷をかけていったほうがいい。できれば定期券の発売が多い月や旅行が多い月は避けたい。九月一〇月は新学期で定期券の発売が多く出札窓口が混雑する。一二月は年末で切符の販売が多いのに比べて、一一月は旅行客も少ない。そこで一一月スタートが決まった。

次が曜日である。平日よりも土曜、日曜はお客さまの動きが少ない。したがって月と同じく曜日もこのどちらかが好適と考えられた。土曜日にすれば、何か問題が生じても日曜日に解決する余裕ができる。日曜日にすると手前に余裕があるが、トラブルが月曜日に持ち越されたら大変なことになる。長時間の議論の末、前に時間を取って切り替えをきちんとやっていこうという案に収まり、日曜日と決定した。用意したスイカのカードは、予想の上限である四〇〇万枚に予備として二五〇万枚を加えた六五〇万枚だった

三年で一〇〇〇万枚を突破

スイカの成功はある程度私たちも予想していたが、カード発行枚数の伸びは、その予想をはるかに上回っていた。まず、サービス開始からわずか一九日で一〇〇万枚を突破、翌年には一年たたないうちに五〇〇万枚を突破していた。そして三年で一〇〇〇万枚、二〇〇七年には二〇〇〇万枚、二〇〇九年に三〇〇〇万枚、二〇一二年に四〇〇〇万枚を記録した。

発行枚数が伸びるとともに、スイカの使える駅も増加していった。サービス開始時には東京一〇〇キロ圏内の四二四駅で使えたスイカだったが、翌年には青梅線、八高線、鶴見線、更に東京モノレール、東京臨海高速鉄道などが利用エリアに加わった。東京圏だけでなく、仙台エリア、新潟エリアなどにもスイカのサービスが広がっていった。

これほどの成功を見せると、他社も黙ってはいない。JR各社はもとより、鉄道各社局がこぞってICカードの導入に踏み切ったのである。そして、次々とスイカとの接続を実現していった。

その最も象徴的な出来事が、二〇〇七年のスイカ・パスモ相互利用である。首都圏の私鉄、地下鉄、バス事業者が連携して導入したパスモがスイカと相互利用可能になったことで、首都圏約一七四〇の駅と約四五〇〇台のバスがＩＣカードで利用できるようになった。スイカかパスモ、どちらか一枚のカードを持っていれば、首都圏の交通網がキャッシュレスで使える。これはシームレスな世界最大規模の交通ネットワークシステムが誕生したことを意味する。またこれは、ＪＲが初めて民間と手をつないだ瞬間でもあった。

その他、スイカとクレジットカードを一体化した「ビュースイカカード」、ＮＴＴドコモとの提携によるおサイフケータイのサービス開始など、スイカの進化はますます加速していく。クレジットカードとの一体化で可能になった「オートチャージ」は、いちいち現金をチャージしなければならないというプリペイドカードの弱点を払拭し、スイカをさらに飛躍させる原動力となった。

また、おサイフケータイについては、ＮＴＴの担当者と一年越しで交渉していたのに話が進展しないのにしびれを切らし、ｉモードで有名だった夏野剛さんに会って話したところ、即決で「やりましょう」と決断してくれたことを思い出す。夏野さんにはスイカに使われているシステムが国際規格でないことを念のために伝え、「いいんですか?」と聞いたのだが、「天下のＪＲ東日本が数百億を投じて推進するシステムがいい加減なもののはずがない」と、まったく迷いがなかった。

スイカはさらなる未来へ

スイカの強みは、カード一枚ごとのＩＤ管理をしていることだ。これにより、スイカを紛失したときにそのカードを無効にし、新しいカードを再発行することができる。この機能は当初から搭載しようと思っていた。検討途中でコストダウンのために省略してはとの意見が出たが譲らなかった。スイカ紛失再発行の仕組みはスイカカードをＩＤ別に全ての履歴を管理する「ＩＤ管理」機能によるものである。

今、そのＩＤ管理がビッグデータとして生きようとしている。もちろんお客さまのプライバシーを侵害しない範囲での利用にとどまるが、お客さまの鉄道利用やお買い物履歴がビジネスに役立つのだ。二〇代の女性が駅ナカでどんな買い物をするのか、四〇代男性がキオスクで買うのは何か、学生に人気のペットボトル飲料は何か。そういったデータが毎日大量に蓄積されていく。これを死蔵するのではあまりにももったいない。

スイカそのものも進化を続ける。次の進化はクラウド化だ。現在のスイカはカード、自動改札機、センターの三か所にデータを持ってネットワークを組んでいるが、そろそろクラウド化が可能なところまできている。クラウドになれば、もうICカードである必要はない。小倉のモノレールで使っているような二次元バーコードの紙でもいいし、顔認証によるカードレスでもいい。要はID認証による処理をクラウドで行えば端末はシンプルになる。

そうなったとき、このシステムはやはり「スイカ」と呼ばれるべきなのだろうか。私は顧客目線のサービスであるかぎり、どんな形になったとしても「スイカ」と呼び続けたいと思っている。お客さまの立場で開発を続け、困難を克服してきたスイカだからこそ、どんな姿になったとしても、お客さまは認めてくださるのではないかと思うのだ。

スイカは近年の日本におけるイノベーションの成功例として語られるようになった。私のこの章が本書に載っているのは、ソニーともうひとつのICカードメーカーであるパナソニックのカードに、本書の著者の一人であるカルロス・アラウジョ氏が開発した強誘電体不揮発性メモリー「FeRAM」が使われていたという奇縁からである。他の著者である加納剛太氏、古池進氏もパナソニック側のメンバーとして関与していたと聞いた。

きっかけはともかく、全体として沈滞ムードの色が濃い現代の日本社会に対して、私たちのスイカの物語がブレイクスルーのきっかけになってくれれば幸いである。

※編者注

二〇一七年一一月二七日、第六五回電気科学技術奨励賞（旧オーム技術賞）が決定し、パナソニックセミコンダクターソリューションズ株式会社が最高位である「文部科学大臣賞」を受賞しました。同賞は電気科学技術に関する発明、改良、研究、教育などで優れた業績を挙げ、日本の諸産業の発展および国民生活の向上に寄与し、今後も引き続き顕著な成果の期待できる人に対し、公益財団法人電気科学技術奨励会より贈呈されるものです。

今回受賞に輝いたのは、「ＦｅＲＡＭ内蔵非接触ＩＣカード量産化に貢献した強誘電体メモリの開発と実用化」で、三河巧、吾妻正道、長野能久の三名が受賞者となりました。これは主として本章のテーマであるスイカのカード内部の技術です。強誘電体材料、半導体製造プロセス、水素バリア技術という三つの技術的ブレークスルーにより、高いメモリ信頼性と製造時における特性劣化の防止、微細化を成し遂げたことが評価されたものです。

椎橋様の原稿には直接関係ありませんが、本書編集中に舞い込んできた関連ニュースとして、ここに付記させていただきました。

加納剛太

第五章 ディープ・イノベーションの実例

――二つの不揮発性メモリーの開発――

カルロス・アラウジョ

コンピューターと不揮発性メモリー

二〇〇六年、私はＦｅＲＡＭ（強誘電体不揮発性メモリー）の研究開発と実用化に関する成果が認められ、ＩＥＥＥ（米国電気電子学会）の「ダニエル・Ｅ・ノーブル賞」という新興技術への貢献に対して授与される賞を授賞する栄誉に浴した。

その式典で壇上に上がる直前、私は特許担当の弁理士に電話をかけた。どうしても特許出願をしておきたい新しいメモリーのことが気がかりだったからだ。そのメモリーの名は、後に「ＣｅＲＡＭ」と名付けられた。

賞を受けようとしているＦｅＲＡＭと、これから特許を出願しようとしているＣｅＲＡＭ。読者のみなさんは、まずこの二つのメモリーの名前を記憶しておいていただきたい。私が研究者人生を賭けて開発したこの二つのメモリーは、本書のテーマである「ディープ（ダイビング）イノベーション」の賜物であり、このイノベーションこそが、これからの時代の研究開発のシーズになるということをこれから述べていこうと思う。

コンピューターで使われるメモリーには、揮発性と不揮発性の二種類がある。

揮発性とは、電源を供給している間だけ記憶を保持できるメモリーで、不揮発性とは、電源を供給しなくても記憶が保持できるメモリーのことをいう。

みなさんはパソコンをお使いだと思うが、ワープロの文書でも表計算でも何でもいいが、ハードディスクに記録するのを忘れて電源を落としてしまい、「あっ、しまった！」と頭を抱えた経験はないだろうか。パソコンのメモリー上に記憶されたデータは、電源を落とすと消滅してしまう。それは、パソコンの半導体メモリーが揮発性だからだ。

パソコンならハードディスクがあるから、こまめにデータを保存するクセをつけておけば、そのような悲劇は回避できる。あるいは、自動的に一定時間ごとにハードディスクにデータを保存するようなプログラムを導入してもいいだろう。だが、もっとハンディな電子機器の場合はハードディスクなどないから、それでは困る。電子体温計のデータがスイッチを切ったとたんに消えてしまうとしたら、いちいち紙と鉛筆を用意してデータを記録しなければならない。ゲーム機なら、（実際、昔はそうだったのだが）パスワードをメモしておかないと、続きができなくなってしまう。

コンピューターにとって、不揮発性メモリーの開発は必須の問題だった。昔の大型コンピューターを覚えている人は、大きなリールに巻かれた磁気テープがいくつも動いているのを目にしたことがあるだろう。当時は、あれが不揮発性メモリーだったのだ。初期のパソコンも、カセットテープにデータを記録していたものだ。

磁気テープは安価で手に入れやすいが、記録密度が低く、大量のテープを必要とした。しかも、任意のデータをただちに呼び出すことができない。テープの終わりのほうに記録されているデータを読み込むには、延々とテープを早送りする必要があった。その次に読み込みたいデータが最初のほうにあったりしたら、今度は巻き戻さなければならない。瞬時に任意の場所の読み書きを行う「ランダムアクセス」がまったく不可能だったのだ。これでは頻繁にデータを参照しながらの作業は困難である。

そこで不揮発性のランダムアクセスメモリー（RAM）の研究が始まった。そのスタートはかなり古く、最初のIBM大型コンピューターが開発されたときにさかのぼる。そのときすでに、MIT（マサチューセッツ工科大学）において不揮発性ランダムアクセスメモリーの二つのプロジェクトがスタートしていた。

そのプロジェクトではさまざまなタイプのメモリーが試行錯誤で研究されていた。システムダイナミクスの生みの親であるジェイ・フォレスター教授は、真空管方式のメモリーを発明してすでに世界中で有名になっていたが、強磁性体を使った磁気コアメモリーのほうが実用に適しているとして、そちらを提唱してきた。

もう一人の教授アーサー・フォン・ヒッペルは絶縁体研究センターを設立し、ノーベル賞級の研究をして輝かしい歴史を残した人であるが（ユーザー・イノベーション研究の創始者であるエリック・フォン・ヒッペルＭＩＴ教授の父親でもある）、絶縁体や強誘電体、強磁性体などを用いて、一九四三年以来不揮発性メモリーの研究を続けていた。

その結果生まれたチタン酸バリウムの薄膜を使った新しい不揮発性強誘電体メモリーに注目が集まった。これこそが夢のメモリーではないのかと期待が高まったのだ。しかしこの材料の薄膜制作技術は大変難しく、実用化には至らなかった。

結局、ジェイ・フォレスター教授の磁気コアメモリーがＩＢＭ三六〇メインフレームコンピュターのメモリーの座を獲得し、このデバイスはフラット・テレビが世に出始めた一九八〇年代後半まで、長きにわたって使用されることとなった。

ＦｅＲＡＭ開発までの紆余曲折

一九五二年、アーサー・フォン・ヒッペル教授のところにいた大学院生のダドレイ・アレン・バックが、強誘電体材料を使った不揮発性メモリーの概念を提唱した。彼は修士論文で、強誘電体キャパシター（日本語でいうコンデンサーのこと）が不揮発性メモリーに応用できること、強誘電体のスイッチがロジック（論理演算を行う電子回路）に応用できることなどを指摘したのである。

ここで「強磁性体」「強誘電体」などという、専門外の人には耳慣れない言葉を解説しておこう。この二つの言葉は、磁気と電気の世界でそれぞれ似た性質を示すものを表している。強磁性体はN極とS極に、強誘電体はプラスとマイナスにそれぞれ自発的に分極する性質を持つ物質で、強磁性体は磁界の中で、強誘電体は電界の中で、分極の極性を反対にすることができる。しかもこの極性は、磁場や電場を取り去っても保持される。ごく簡単に言えば、強磁性体は永久磁石の材料、強誘電体はコンデンサーや圧電素子に使われる物質である。

さて、せっかくダドレイ・アレン・バックが提唱したＦｅＲＡＭ（「Ｆｅ」とは強誘電体を意味するFerroelectricの略である。ＦｅＲＡＭは一般名称で、一部の企業は「ＦＲＡＭ」という商標を使用している）であるが、すでに一九五五年ころには、世間の関心は薄れてしまっていた。

続いて一九六〇年代後半から一九七〇年代前半にかけて、ベル研究所のクウォンとシーの二人の研究者が、通常とは異なる酸化膜を使った電界効果トランジスター（ＦＥＴ）の特許を出した。その中の一つは、強誘電体のチタン酸塩をゲートの材料にしたものであった。そのことにより、チタン酸塩はベル研究所の中で、不揮発性ＦＥＴの可能性を示すものとして大きな注目を浴びた。

そして一九七〇年代半ばには、ウェスチングハウスのＳ・Ｙ・ウーがそれらのデバイスについての論文を複数発表した。しかしながら、上記のすべては動作させるために一〇〇ボルト以上の高い電圧が必要であり、とても半導体回路で実用に供せられるものではなかった。

一九七〇年代後半には、再びＩＢＭが強誘電体の世界に戻ってきた。サンディア国立研究所のＪ・ハートレーが発見した、ランタンを添加したジルコン酸チタン酸鉛を使った光メモリー作用を呈する強誘電体デバイス技術のプロジェクトである。しかし、ＩＢＭのこのプロジェクトも、強誘電体膜の厚さをコントロールすることの難しさから消えていった。

そこに追い打ちをかけるように、ＩＢＭの高名な研究者であるロルフ・ランダウアーが論文で、「強誘電体特性を維持し、かつ完全に分極機能を失わない薄膜の厚さは一ミクロンである」と発表した。そんなに厚い膜ではコンパクトな半導体チップを作ることはできない。この発表が強誘電体メモリーの可能性を完全に否定することとなり、その後長年にわたって、強誘電体メモリーの研究はなされなくなった。

事実、アメリカの権威ある「ジャーナル・オブ・アプライド・フィジックス」誌からも、強誘電体部門はまるごと削除されてしまった。それは、私たちのＦｅＲＡＭ研究が世間の興味を引くようになった一九八〇年代後半までの長い期間におよんだ。

強誘電体研究の歴史からは、副産物としていくつかの社会貢献を見出すことができる。たとえば、アーサー・フォン・ヒッペルの仕事からは、第二次世界大戦時の潜水艦に使われた音響探知機「ソナー」が生まれた。現在はソナーなしで潜水艦を運行することは不可能である。

また、かの有名なピエール・キューリーは、彼の博士課程の研究の中でピエゾ効果の実用化に貢献している。ピエゾ効果を利用した圧電素子は、現在生活のさまざまな場面で活用されている。

それより少し後になって、ペンシルバニア州立大学のエリック・クロスは、いくつもの種類のいわゆる「リラクサー強誘電体」を発見した。この性質を有する物質は圧電効果が大きく、医療用機器を中心とした利用が見込まれているほか、電解コンデンサーに代わる大容量コンデンサーとしても注目されている。

しかしながら、本道である強誘電体のメモリーに関しては、なかなか道が開けないでいた。私たちが八〇年代後半にスタートさせた「インテグレーテッド・フェロエレクトリクス」という国際会議の基調講演では、「強誘電体をメモリーとして実用化し、金を作った人は誰もいない」という言葉まで飛び出している。

さらに、私が永遠に忘れることができないスピーチとして記憶しているのは、八〇年後半のころの「IEEEカンファレンス・オン・アコースティック・アンド・フェロエレクトリクス」という会議で、エリック・クロスが放った言葉である。

彼は次のように言った。「常温超電導と呼ばれる船が太平洋に沈もうとしているが、強誘電体メモリーという船も同じ運命に導かれ、同じ行先に向かっている」と。この時点では強誘電体メモリーの可能性を信じている人間は、ごく一握りしか存在しなかったのだ。

まったく絶望的な状況だったが、それは視点を変えれば大きなチャンスだった。競争相手がほとんどいないということだからだ。本書の読者のみなさんには、こういう状況が来たら、「チャンスだ！」と思うクセをつけていただきたい。これこそが、ディープ・イノベーションの入口なのである。聖書にも「狭き門より入れ」と書いてある。苦難は成功のスタートラインなのだ。

今日、ＦｅＲＡＭチップは四〇億個以上が出荷され、人々の暮らしに役立っている。「絶対に無理だ」と叫んだ人たちには、見事に実用化されていること、輝かしい未来に向けて更なる躍進をしていることを、タイムマシンで知らせてやりたい。

不可能を可能にするブレイクスルー

「閉ざされた心」は、新しい技術の芽を摘む害悪である。「それは過去にやった、そして失敗した。もうわかっている」と知ったかぶりをしてしまうことは、チャンスを無にして通過してしまう行為にほかならない。可能性に目をつぶるのは虚栄であり、欺瞞である。素直に挑戦をすることが何より必要なのだ。


「If men were meant to fly, God would give them Wings（もしも人が飛ぶべきであるなら、神は翼を与えていたはずだ）」という格言がアメリカにある。この言葉は、ライト兄弟が飛行機を発明しようとしていたとき、司祭が彼らにそれをやめさせようとして言ったことだ。

この言葉自体にはさして意味がない。当時の時代としては常識的なことを、気の利いたせりふにしてみせたにすぎない。この格言が意味するのは、「だめだ」という他人の言葉や過去の失敗をもう一度見直し、あきらめずに深く考察して研究し続けることが、ブレークスルーを果たして社会に貢献する道につながるという事実である。これこそが、社会を変革する本当のイノベーション、「ディープ・イノベーション」であると私は言いたい。

ＦｅＲＡＭ開発の物語は、ライト兄弟の逸話と同様にディープ・イノベーションの大変よい事例であると私は考えている。単に艱難辛苦を乗り越えて努力したから良いという話ではない。科学の世界では「良い結果」こそが王様である。誰もが不可能だと考えていたところに突破口を開け、人々の生活を変えてしまうようなイノベーションをもたらしたからこそ、「良い物語」になるのである。

「良い物語」にはたくさんの教訓がある。多くの教訓を素直に学び、ブレイクスルーのための武器にすることが、ディープ・イノベーションには必要である。

それでは、ＦｅＲＡＭ開発の話を続けよう。

先に強誘電体メモリーの開発に引導を渡した「膜厚一ミクロンが薄さの限界」という説を述べた。膜の厚さが一ミクロンよりも薄くなると、強誘電体はその性質を失うという発表があり、それでは回路に組み込むチップが作れないとして多くの研究者が手を引いてしまった。

だがここに救世主が現れた。当時まだ世に知られていなかった三人の研究者が、ブレイクスルーの扉を発見したのである。

一九七〇年代の後半、シューブリング、ローアー、マクミランの三人は、窒化カリウムという誰も注目していなかった物質が強誘電体の性質を持ち、厚さ〇・二ミクロン以下の薄膜状態でも強誘電体の特性を保持することを発見した。幸いなことに彼らは、ロルフ・ランダウアーの強誘電体の可能性を否定する論文を読んでいなかった。まさに「怖いもの知らず」という状況だったのだ。

彼らは、単純な実験装置を作って多くの実験を続けた。その結果は、信じがたいものだった。読み出し・消去・書き込みというメモリーの基本動作を一〇〇〇万回行っても、彼らが作った強誘電体メモリーの試作品は劣化が見られなかったのだ。動作電圧は、先人たちのような一〇〇ボルトではなく、半導体回路に理想的な三〜五ボルトであった。

彼らはこの世紀の大発見を半導体産業界へ説明しようと何度も試みた。しかし、当時としてはあまりにも荒唐無稽な話であったため、誰もまともに取り上げようとはしなかった。「沈没しようとしている船」が大空に羽ばたくような話であったのだから、信じられないのも仕方なかったかもしれない。

一九八三年のことである。私はちょうどそのころ、産業界への売り込みに失敗を重ねていたマクミランと一緒に仕事をしたいと考えていた。マクミランはハネウェル社のエンジニアであり、シューブリングとローアーの研究にぞっこんほれ込んでいた人物である。このマクミランがやがて、強誘電体メモリ集積回路のプロセスを提案し、忘れ去られていたＦｅＲＡＭを現代技術として再生させるに至る。

この時期に半導体市場にあった不揮発性メモリーといえば、読み出しのみで書き込みのできないＲＯＭ、シリアル入出力で書き換え可能なＥＡＲＯＭ、自由に書き換え可能だが速度と寿命に難があった初期のＥＥＰＲＯＭなどである。いずれも一長一短があり、理想的な不揮発性メモリーとはいえなかった。そこにＦｅＲＡＭが登場すれば、画期的なイノベーションになるはずである。

産学協働の取り組みが生む「価値創造」

マクミランと私は、ローアーのアイデアを基にして、ＦｅＲＡＭを開発するためのビジネスプランを起草した。それは大学の共同研究に採用され、時代に先駆けたアントレプレナー・プロジェクトとなった。いわゆる「大学内ベンチャー」である。

私はＦｅＲＡＭ開発のプレーヤーとしてはまだ「よそ者」の立場であったが、この展開に大いなる興奮を感じていた。まだ若く、ノートルダム大学で博士号を取ってから一年しか経っていなかった。企業との共同研究などの経験はまだなかったが、産学協働の取り組みが真のブレークスルーにつながるということは知っていた。

科学における大きな成果は、研究所などで生まれることが多い。しかし、実際に人々の生活に役立つようなイノベーションは、科学的な成果と企業の持つ技術が組み合わさったところに生まれるものである。つまり、産学協働の取り組みこそが、実社会に貢献できる「価値」を生み、その科学的成果が完成されるのである。

後になって親交を深めたパナソニック社の創造的でビジョナリーな研究者、加納剛太を通じて、彼が日本でこのような「価値」を創造するのためのイノベーションに取り組んでいるということを私は知るようになった。ここでいう「価値」とは、科学的に新しい価値と社会に貢献する価値を同時に満たすもののことである。

これは簡単なことのように思われるかもしれないが、実は相当に難しく、よく忘れられてしまう。その科学的成果と技術的成果が新しい利便性をもたらすものなのか、社会に仕事や雇用を創り出せるものなのか、などを見きわめなければならない。

そういった思いを胸に、私たちの「価値創造への挑戦」が始まったのである。

このような価値の探求は、かつて栄華を誇った日本人の研究者たちからみれば、「当たり前の話」であろう。第二次世界大戦後、奇跡とも思える経済復興を成し遂げ、一九八〇年代には

「ジャパン・アズ・ナンバーワン」という地位を築き上げた日本が描いていた繁栄への道、それこそが「価値創造への挑戦」であった。

彼らにとって、自分たちの使命は新しい経済とそれに基づく新しい世界を創り出すことであった。特許や商業的価値はそのような「価値」を生み出すための方法論として存在していた。そして、彼らが働く目的はあくまでも、モノを生み出し、雇用を生み出すことであった。

あの時代に、そんな彼らと一緒に働いたことが私の中に一つの認識を生み出すこととなった。経済と技術を結合させること、すなわち人々の社会における存在意義を見出すための技術を作り出すことは「モラル」であるという考えである。

そのことで、私のその後の研究に対する考え方は大きく変わっていった。

ＦｅＲＡＭの完成

一九九一年になると、ＦｅＲＡＭはほとんど無限の記憶保持特性を持つようになった。それでもなお、私たちはより性能を上げるための研究を続けた。そして、完璧に近い性能と信頼性を持つ商品レベルの試作品ができあがった。

それは「疲労ゼロ」で動作するＦｅＲＡＭである。不揮発性メモリーにおける「疲労」とは、動作を重ねるにつれて記憶保持性能が劣化することをいう。原因は材料である強誘電体の性質によるもので、「疲労ゼロ」を目指すことは、不揮発性メモリーを商品化する上で避けて通れない障壁であった。

私たちが完成させた「疲労ゼロ」のＦｅＲＡＭは、当時商品として出ていたＥＥＰＲＯＭやフラッシュ・メモリと比較してはるかに優位となる一〇億回のメモリ動作を可能とした。これは数万倍にもおよぶ性能の向上である。そして動作電圧は、それらの商品に比べ三〇パーセントも低いものとなった。

ここまで来れば、次は大量生産である。大量生産品としての信頼性や再現性を診断することは、本来は大学の研究課題ではない。しかし私は、この課題にも意義と責任を感じたので、引き続き対応していくことにした。パートナーはパナソニック社である。


当時のパナソニック社では、品質保証は最も重要なクリアすべき課題として認識されていた。パナソニック社の技術トップであった古池進は、新商品の性能・品質の検査には、容赦なく厳しい態度であたっていた。

彼はこのように主張していた。「結果には言い訳や説明など必要ない。ただイエスかノーかだ。そうでないなら、そんな新しい技術などやる必要がない」と。これは非常に厳しいものだった。

そして、彼はこのＦｅＲＡＭ技術の責任者として、執念をもってやり遂げるよう部下に指示するとともに自らを鼓舞し、最終的な投資への決断をした。

私も、この時期は加納・古池スクールの一員となって、真のイノベーションに没頭していることに誇りを感じていた。そして、加納が絶えることなく言い続ける「新しい世代に残る技術を作り出す価値の挑戦に挑むのだ」という言葉に、いつの間にか心酔するようになっていた。

その結果、未来を創り出す技術と、その原点となる科学を研究し、その成果を社会に移転していくことを使命とする大学の研究者であり続けたいという思いが、私の信念となっていった。

私が獲得したこの新しいパラダイムは、二一世紀の現代社会が求めている経済再生の原点であると確信している。このことを、私は日本だけでなく世界に対しても声を大にして伝えたい。

こうして、この章の冒頭に書いたように二〇〇六年、私はIEEEの「ダニエル・E・ノーブル賞」を受章することになった。パナソニックの多くの人たちとともに努力してきたFeRAMが、大学の基礎研究からスタートして実社会に貢献した成果が認められたものである。

私は、この賞は多くの関係者のみなさんと一緒に受けとらなければならないと感じた。多様な文化、多様な企業、文字通りグローバルなチーム力によって成し遂げられた成果である。実際、世界中からたくさんの技術者がコロラドに来て一緒に仕事をした。もちろん、競争という企業間の関係は保持しながらの協力関係ではあったが、目標が見事に一致していたために、驚くほどスムーズな運営ができた。

オリンパス、NEC、セイコーエプソン、三菱マテリアル、シーメンス、STマイクロエレクトロニクス、ハイニックス、ヒューズ・コーポレーション、アナログ・デバイス、モトローラ、アメリカ国防総局核兵器局、そしてNASAなどがともに働いた。それは、信じがたいほどチャレンジングな研究のマネジメントであった。二度と再現できないような国際協力の姿であったと思う。

現在、FeRAMの最大のライバルはフラッシュ・メモリーである。USBメモリーやSDカードなどに使われている不揮発性メモリーが、フラッシュ・メモリーだ。

トランジスターの動作をベースとするフラッシュ・メモリーは、「疲労」という欠点を抱えている。トランジスター内部のチャネル（被制御電流の流れる部分）の長さが三〇ナノメートル以下になると、動作が限界に達するからだ。五〇個ほどの電子で「0」と「1」の区別をしなければならず、そのために一万回ほどの動作でスイッチとしての特性が劣化してしまう。だから、頻繁に書き換えが行われるような用途には向かない。

そのような欠点があるとはいえ、フラッシュ・メモリーには大きな過去の生産実績があり、それがFeRAMに対しての大きな優位点となっている。これまで巨大な市場に対応してきたため、生産設備が十分にできあがっているからだ。フラッシュ・メモリーとFeRAMでは、生産設備への投資額に大きな開きがある。

もう一つのフラッシュ・メモリーの優位点は、製造時の温度である。FeRAMに限らず強誘電体材料は、製造プロセスでの温度を四〇〇度以下にすることが難しいのだが、九〇ナノメートル以下の高集積回路になると四〇〇度以下の処理温度であることが求められるのだ。

また、CMOS集積回路の製造プロセスでは、水素ガスでの高温処理が基本的だが、強誘電体には水素は好ましくない。水素が強誘電体材料から酸素を奪ってしまい、結晶構造に不適切な影響を与えるからである。

私たちはこのような課題に年月をかけて対処し、FeRAMの完成度を高めてきた。その結果、FeRAMの商業化に成功した唯一の会社となることができたのである。これまでに一〇億個のFeRAMが出荷され、不良の発生がまったくないという高品質を誇っている。

新しいメモリーの開発

それでは再び本章の冒頭のシーンに戻ろう。二〇〇六年、私はサンフランシスコのマリオットホテルでIEEEの「ダニエル・E・ノーブル賞」を受章するために式場に向かっていた。そのとき、私は、特許弁理士に電話をかけたと前述したが、それは、四〇〇度の壁を突破する強誘電体メモリーについて、基本的な特許出願の手続きを急ぐよう求めるためだった。このとき私の心の中には、来たるべき時代の主役となるはずの新しいメモリーのアイデアが芽生えていたのだった。

私の顧問弁理士であるカール・フォレストは、博士号を持ち、すでに私のために一〇〇以上の特許を書いてくれていた。彼のFeRAMへの貢献は大変大きかった。私はそれまでに、彼と「劣化のないメモリー」の材料と製造プロセスについて、何度も議論をしてきていた。

私は彼に、FeRAMとはまったく異なる材料で「疲労ゼロ」を可能にするための私の考えを述べ、必要な知識を勉強してくれるように求めた。

FeRAMは、タンタル酸ストロンチウムビスマスのペロブスカイト結晶構造（ペロブスカイト＝灰チタン石と同じ形の結晶）を持っており、自然の鉱石から採れる岩石からなる結晶である。ペロブスカイト結晶は構造を安定させるために、高い温度でのアニーリング（焼きなまし）が必要となる。それが四〇〇度の壁になるのだ。

しかしながら、これからの微細化した半導体集積回路には、どうしても四〇〇度以下で作れる不揮発性メモリーが必要になる。私はFeRAMではその問題をクリアすることは無理だと考えた。そして、FeRAMに代わる新しい強誘電体不揮発性メモリーを開発しようと決心したのである。

低温でのアニーリングが可能な強誘電体としては、酸化ニッケルや酸化コバルト、一酸化マンガンなどの遷移金属酸化物が考えられた。これらの材料には絶縁性が強すぎるという問題があった。仮にこれらの物質で不揮発性メモリーを作るとするならば、薄膜にした材料の抵抗値が何かの工夫で変化して、「ハイ」と「ロー」の二つの状態になるようにする必要がある。つまり、一つの材料が「絶縁状態」になったり「金属状態（導体）」になったりするメカニズムを考え出さねばならなかった。

それを可能にするアイデアとして、「モット理論」というものがあった。イギリスの物理学者ネビル・モットの提唱したもので、本書は固体量子論の解説書ではないので詳細は省くが、上述したような一つの物質が「絶縁状態」になったり「金属状態」になったりすることを説明したものだ。絶縁状態から金属状態、またその逆への転移のことを、「モット転移」と呼ぶ。これを使えば、低温でのアニーリングが可能な強誘電体不揮発性メモリーが作れそうだ。

ただ、話はそう単純ではない。たとえば「フィラメント」という難問が出てきた。酸化ニッケルを例にとると、これはニッケルと酸素という二つの元素が一対一で結合した分子である。同様の形の分子としては塩化ナトリウム（食塩）がよく知られているが、酸化ニッケルの結晶も、塩化ナトリウムと同じ立方体の結晶である。

酸化ニッケルは純粋にニッケルと酸素が一対一で結晶を作った場合、理論的には絶縁体である。だが実際には、わずかながら導電性を示す。それは結晶格子の酸素があるべき部分に穴が開いている格子欠陥が多数存在し、その周辺に自由電子が集まることで電気が流れる場所ができてしまうからだ。そういう場所を「フィラメント」と呼ぶが、フィラメントができることでメモリーとしての安定性が阻害される。せっかく絶縁状態と金属状態を制御してオンとオフのスイッチを作り上げても、不安定に電気が流れる場所ができることで、メモリー機能が低下してしまうのだ。

新しい不揮発性メモリを完全なものにするためには、フィラメントの発生を抑制する方法を考え出すことが最大の課題であった。それを作り出すことこそが、私の最大のそして生涯を懸ける価値のある仕事となった。

CeRAMの誕生

二〇〇六年、私は、わが社の研究者であるジョランタ・セリンスカに頼んで、日本の化学薬品メーカーである高純度化学研究所に酸化ニッケルの原料となる有機金属溶液を発注した。高純度化学研究所は、私たちの有機金属分解法（MOD法＝比較的簡単に高品質な薄膜を作る方法）に関する特許を認めてくれた会社である。MOD法は従来のゾルゲル法と呼ばれる成膜技術と異なり、下地となるウエハーの状況にあまり左右されない合成法である。

基礎的な研究には、わが社のマクミランがモスクワ大学で化学を専攻した研究者とともにあたってくれた。彼らは周期律表にあるほとんどの元素、少なくとも七五パーセント以上の元素を用いて溶液を作った。MOD法は高価な装置を必要としなかったので、われわれは短期間に一〇〇種を超える有機溶剤を作成し、抵抗変化の研究を続けることができた。文字通り「試行錯誤」

による片っ端からの実験であった。

私たちは四〇〇度を超えるアニーリングが必要でない遷移金属酸化物の材料として、最終的には酸化ニッケルを採用することに決めた。それには当時、富士通やサムスンがＦｅＲＡＭのライバルとして酸化ニッケルを使った不揮発性メモリを研究していたことも関係している。彼らのような競合メーカーも、フィラメントの発生が課題としていた。つまり、私たちは巨大メーカーと同じスタートラインに立っていたのである。

私は社内の仲間や大学の研究者たちに言った。「この課題ほど重要で意義深い研究テーマは生涯で二度と来ないぞ。死んでもいいからやり遂げよう！　これこそ真のイノベーションの実現だ」と。

私たちは酸化ニッケルの薄膜内にできるフィラメントについて、徹底的に研究した。関連する研究論文を四〇〇〇件以上調べたが、奇妙な説明が多く、混乱するばかりであった。東京大学のイマダマサトシ、フジモリアツシ、トクラヨシノリによる金属絶縁体転移に関する論文も参照したが、メモリー動作への議論はなく、転移のメカニズムについては何らの議論もなされていなかった。メモリへの応用を意図した遷移金属酸化物に関する研究は、まったくなされていなかったのである。

私はそれまでに、本当の物理学的理論に裏付けられた発明をしたことがなかったが、今回の挑戦はその最初のものとなった。酸化ニッケルによる不揮発性メモリーの一回目の実験結果が、驚異的だったからである。

私たちの作り出した酸化ニッケルのメモリーは、何かの理由で最初から若干の導電性を持っていた。前述したように、純粋な酸化ニッケルは絶縁体であるはずである。そして高抵抗ではあるが、オームの法則に従って電圧とともに抵抗値が変化し、ある閾値《いきち》電圧で絶縁体に変化するという転移現象が発生した。これは理想的なメモリーとしての挙動である

なぜそうなったのか、私たちは実験結果を論理的に説明する理論解析を懸命に続けた。

その結果、一酸化炭素を酸化ニッケル膜に添加することで、「ハイ」と「ロー」の二つの安定状態を容易に作り出せることがわかった。酸化ニッケルの結晶格子で酸素が欠けている部分のニッケル原子に一酸化炭素分子が結合することで、自由電子の発生を防ぎ、フィラメントができないようにしていたのだ。この発見を私たちは二〇一七年の雑誌「ネイチャー」に発表した。

これを受けて私は、あらゆる遷移金属酸化物を対象に一酸化炭素を添加することの基本特許を世界中に申請した。また、こうして生まれた新しいメモリーを、「Correlated-electron Random Access Memory＝CeRAM（相関電子RAM）」と呼ぶことにした。

しかしそこからが長かった。私たちが遷移金属酸化物に一酸化炭素を添加することで何が起き

ていたのかを完全に理解するのに、二〇〇六年から二〇一四年までかかったのである。そのために私は、一万件の論文やたくさんの書物を読んだ。なぜそれほど時間がかかったかといえば、オリジナルのモット論文などを正しく理解しないままでいろいろなことを進めていたため、頭の中が混乱していたのだ。

モットが最初に提唱したのは、絶縁体が金属へ転移するという現象についての過渡的な説明であった。われわれの発明のポイントは、このモット転移を安定したスイッチ動作に変えたことである。そのための技術は、モットの理論では考察されていなかった。また、スイッチ動作を可能にするために電圧と電流が同時に与えられなければならないという議論もなされていなかった。立派な理論だけではイノベーションにつながらないという顕著な事例である。

試練を迎える半導体産業

ここまでの話は、専門家でない読者のみなさんにはちょっと難解であったかもしれない。しかし、私がここで言いたかったことは、「ディープ・イノベーション」がいかに重要かということである。私がここで例に挙げた開発の過程では、物理、数学、化学などあらゆる学問を総合して考察することが必要であった。イノベーションという新しい価値の創出のためには、小手先の工夫にとどまらない深い洞察が必要である。

半導体産業は、真のイノベーションを起こす能力のない者たちには大変厳しい時代を迎えようとしている。昨年、ＩＴＲＳ（半導体国際技術ロードマップ協会。半導体に関するイノベーションに焦点を合わせてきた世界的に有名なグループ）が最後の報告書を発刊すると同時に解散することとなった。半導体チップに関して、もはや次のステップを描く余地がなくなったというのが理由である。

その報に接したとき、私は大学の電気・電子工学の教授として、終点に到着したような感慨を抱いた。もし半導体の行く先がわからないのなら、これからどうなるのだろうか。もちろん、私は、一〇年前からこのことを予見して、メモリーのイノベーションを考え、実践してきた。そのことは、ここまで述べた通りである。

他の大学や企業でも、同じようなことが進められてきた。マイクロン社はマグネティック・メモリー（ＭＲＡＭ）を開発し、インテル社はカルコゲナイド相転移メモリを発表した。それらはＣｅＲＡＭのライバルである。しかしながら残念なことに、ＭＲＡＭは消費電力がＣｅＲＡＭの二〇〇〇倍と大きく劣っている。スイッチング速度でも、ＣｅＲＡＭに遠く及ばない。

ＣｅＲＡＭのスイッチング速度は八〇フェムト秒（フェムトは一〇〇〇兆分の一）であり、「1」から「0」にスイッチするのに一・八フェムトジュールしか必要としない低消費電力である。それに加えて、四〇〇度でも蓄積されたデータが壊れないという耐熱性があり、メモリーとしては絶対的な優位性がある。次世代コンピューターのメモリーとして十分な特性を有しているのだ。

ARM社は低電力のマイクロコントローラーとシステム・オン・チップアーキテクチャーにおける世界のリーダーである。これまで全世界のコンピューターメーカーをはじめとする四〇〇社以上の企業に、同社のアーキテクチャーをライセンス供与している。

その結果ARM社は移動体無線機器のマーケットで九五パーセントという驚異的なシェアを持つに至った。現在までにARM社は八〇〇〇億個のチップをマーケットに供給している。

二〇一六年に、日本の通信会社であるソフトバンク社が二四〇億ポンドで同社の全株式を取得したことはよく知られている。日本で風雲児と呼ばれる孫正義が、いかにARM社の将来性を高く買ったかという証左である。ARM社はIoTという革命を、自社のマイクロコントローラチップを通じて世界に起こすことのできる会社なのである。

ARM社の成功は、シリコン半導体集積回路技術をより低電力でより高速に処理できるよう限界まで突き詰めた結果である。システム・オン・チップの集積度が増し、より複雑になってくるにしたがって、同じチップの上に不揮発性のメモリを集積することが求められるようになってきた。そのためには、低消費電力で高速な読み書きができる不揮発性メモリーがチップ上に集積される必要があるが、一方でパソコンやサーバーの世界では、いまだにハードディスクという既存のデバイスが使われている。これは、前述のようにフラッシュ・メモリーが「疲労」という問題を改善できないためである。

また、フラッシュ・メモリーの微細加工への努力がサムソンや東芝で進められているが、すでに限界が見えている。原理的に三〇ナノメートル以下にすることが難しく、ロジック部とメモリ部を共通して製造するプロセスにも微細化の限界があるからだ。

その点、ＣｅＲＡＭはすでに述べたようにフラッシュ・メモリーに比べて格段の優位性がある。しかも、オフ時の抵抗は抵抗素子としても利用でき、３Ｄ集積化も容易なうえに、３Ｄクロスポイント・アーキテクチャーも実現できる。「疲労」に関しても、フラッシュ・メモリーや最近発表されたインテルのカルコゲナイド・クロスポイントメモリに比べて一〇〇万倍優れている。

これは実際に市場に供給されてから言うべきことかもしれないが、ＣｅＲＡＭは次世代メモリーのホープとして、まもなく登場することになるだろう。ユニバーサルなメモリーとして、次世代のスイッチとして、期待されるところである。

以上、ＦｅＲＡＭとＣｅＲＡＭという二つの不揮発性メモリー開発にまつわる事例をお話しさせていただいた。読者の皆さんに「新しい価値とは何か」、そして「ディープ・イノベーション」とはどんなものか、若干でも理解を深めていただけたものと期待したい。

投資に対する早急なリターンが重要という立場の企業経営者には、なかなか受け入れがたい考え方かもしれない。「そんなにのんびりしていたら、潰れてしまうぞ」という声は、世界中でよく聞かれるところである。しかし、必ずしも一枚岩とはいえない環境の中で、わずかなりとも共有する価値観を持ち、多様な知性を認め合うチームが創り出すイノベーションこそが、真の新しい価値につながるのだと私は思う。そして、真のリーダーになることを求めるならば、常にこの「ディープ・イノベーション」を継続することが必要なのである。

第六章

次のパラダイム変革に向けて

――「起業工学」が導く新時代――

加納剛太

日本は消えてしまうのか

今、日本の将来を危ぶむ声が至るところで聞こえる。少子化、超高齢化社会、人口減少、過疎化、移民問題、人手不足、財政赤字、年金破綻、健保の危機、異常気象などなど、日本の将来を憂えるトピックは枚挙にいとまがないが、逆に「日本は大丈夫だ」という声は寡聞にして聞かない。

では日本の将来は本当はどうなるのだろうか。私はこのまま何も手を打たなければ、日本は世界からフェードアウトしていくだろうと考えている。

その証拠は、さまざまな指標でわかる日本の地位低下である。

たとえば、「ザ・タイムス」が発表した二〇一五～二〇一六年の世界大学ランキングで見てみよう。

一位　カリフォルニア工科大学
二位　オックスフォード大学
三位　スタンフォード大学
四位　ケンブリッジ大学

五位　マサチューセッツ工科大学
六位　ハーバード大学
七位　プリンストン大学
八位　インペリアル・カレッジ

二四位　シンガポール大学
二九位　北京大学
三五位　精華大学
四三位　東京大学
四四位　香港大学
八八位　京都大学
四〇〇位以内　東北大、大阪大

「天下の東大」はシンガポール大学や北京大学の後塵を拝して、やっと香港大学の上にいる。小学生時代から学習塾で必死に勉強して中高一貫の進学校に入り、刻苦勉励の末に最高学府に入ったと思ったら、それは世界では二流の大学でしかなかった……。そんなことなら子どものときから海外に出て、世界に通用する上位校を目指したほうがいいのではないか。そう思わせるようなランキングである。
では次に別の指標を見てみよう。日本と世界の人口推移予測である。

二〇一〇年　世界人口六九億人　日本の人口一・三億人　日本一〇位
二〇五〇年　世界人口九三億人　日本の人口〇・九億人　日本一六位
二一〇〇年　世界人口一〇一億人　日本の人口　〇・五億人　日本圏外

最後の順位は、ＧＤＰで見た世界ランキングの予測である。かつて世界で第二位に輝いた誇らしい国の面影はどこへやら、今世紀末には日本はランキング圏外に落ちぶれることになっている。「別に競わなくてもいい。暮らして行ければかまわない」と考える向きもあるかもしれないが、資源のない国が誇りも張り合いも失ったとき、はたして暮らしやすい国、世界からいい国といわれる国でいることができるだろうか。
日本は二〇一〇年に中国に抜かれて三位に落ちた。次はインドに抜かれる。人口の多い新興国が急成長を遂げるのは理の当然としても、日本はどう見ても劣化している。落ちぶれている。少なくとも戦後の高度経済成長を遂げた一九六〇〜一九七〇年代や、「ジャパン・アズ・ナンバーワン」と海外から賞賛された一九八〇年代のように、未来を夢見て胸を張っていた姿勢が今の日本人には見られない。この原因を探り、改善の処方箋を手にしなければ、私たちはご先祖に顔向けできないのではあるまいか。

悪いのは素材ではなくやり方

こうまで先行きの見通しが暗いと、「日本人はもともとそれほど優秀ではないのではないか」と疑いたくなる。だが、そうではない。日本人は五〇〇〇年前に立派な縄文文化を花開かせていた。青森県の三内丸山遺跡を見れば、集会場のような巨大な藁葺き屋根の家の遺跡や、何に使ったのか今でもわからない六本柱の塔の遺跡が復元されている。果樹園を持ち、集団で暮らしていた集落は、当時の日本人が賢かったからこそ生まれた。

三〇〇〇年前には弥生文化が生まれた。大陸、半島から渡来した稲作技術は村落社会を生み、国家の成立へと方向付けていく。二〇〇〇年前には歴史に記録が残り、日本という国が形作られていった。その歴史を見る限り、日本人のＤＮＡは優秀であると言わざるを得ない。優秀だからこそ、欧米の植民地攻勢に負けずに独立を守り、世界が驚いた明治維新で急速に近代国家へと変貌を遂げた。

日本人の優秀性を示す証拠はほかにもある。ノーベル賞受賞者の数である。二〇一六年までの国別ランキングを見てみよう。

一位　アメリカ　三五二人
二位　イギリス　一一九人
三位　ドイツ　八二人
四位　フランス　五八人
五位　スウェーデン　三二人
六位　日本　二三人
七位　スイス　二二人
八位　ロシア　二〇人
九位　オランダ　一七人
一〇位　イタリア　一四人

日本はなかなかいい位置につけている。これを見て、日本人は頭脳が劣っているとか、優秀でないとかの意見は出ないはずだ。

素材が悪くないのなら、何かやり方がまずいに違いない。そのヒントが『世界競争力年鑑』に書かれていた。そこには日本の課題が次の三項目であるとあった。

一　起業家精神　世界五四位
二　政治の生産性　世界四〇位
三　ビジネスの生産性　世界一八位

起業家精神が低いとは、国民全体の起業に対する関心が薄く、実際の起業数も少ないことを言っている。二〇一七年版の「中小企業白書」によると、開業率の国際比較で日本は欧米先進国の半分以下の数字にとどまっている。そして起業意識の比較においても、「起業に成功すれば社会的地位が得られる」「起業することが望ましい」「起業するために必要な知識、能力、経験がある」「周囲に起業に有利な機会がある」「周囲に起業家がいる」といった設問のすべてで、「日本の回答割合は欧米諸国に比べてきわめて低い」と書かれている。

参考までに世界銀行が行った調査では、日本の「開業のしやすさ」は国際順位で八九位であり、英国の一六位、フランスの二七位、アメリカの五一位より下である。ただし二〇一四年には一二〇位であったので、向上はしている。

農耕民族である日本人が、その資質において狩猟民族である欧米各国の人々と異なるのは、ある意味自明である。特質が異なる場合は、長所を伸ばして短所を補えばよい。そのようなテクニックのひとつとして、国際的な補完協業というやり方がある。かつて私はプラズマディスプレイなどの開発において、「日米補完協業」というプロジェクトを複数立ち上げ、成功に導いたことがある。

日米補完協業から学んだこと

一九九八年一月一〇日付の「週刊東洋経済」誌上で、私は「日米補完協業が経済を再生する」という記事を発表した。「失われた二〇年」のまっただ中で不況に立ちすくんでいる日本経済を憂い、新しいパラダイムを提案しようとして書き上げた記事だった。

その記事の趣旨は、「日本とアメリカの強みを合体させれば、再業界の閉塞状況を打破して新しい価値が創出でき、新しい事業が創造できる」というものだ。日本の強みである産業界のハードの力と、アメリカの強みである研究現場のソフト力を組み合わせ、お互いの弱点を打ち消し合って互いの力を補完しようという考えである。

それは机上のアイデアではない。私が松下グループの代表として進めた三つのプロジェクトの経験を語ったものだ。その一つは、本書の著者であるカルロス・アラウジョと組んだ強誘電体LSIの開発プロジェクトである。当時カルロスはコロラド大学教授で、同大学の固体電子工学研究所長をしていた。二つ目は、スタンフォード大学電子工学科のジェームス・ハリス教授と組んだ青色半導体レーザーの開発プロジェクト。最後の一つは、イリノイ大学のラリー・ウェーバー教授と組んだＡＣプラズマ方式によるカラープラズマディスプレイの開発プロジェクトであった。

この三つのプロジェクトに共通していたのは、私たちが三人の学者のアイデアやコンセプトに触発されて資金援助や技術援助を行い、実用化技術の開発責任を私たちが受け持ったという点である。つまり、これらのプロジェクトにおいて、私たちと三人の学者は対等のパートナーであったということだ。

カルロスと私の出会いは、彼に見せられた一枚の結晶解析写真にさかのぼる。一九九〇年のことだ。規則正しく無数に原子が並んだ結晶の写真を目にしたとき、私はその美しさに魂が揺さぶられた。その写真は彼が発見した新しい強誘電体材料の結晶写真で、私は彼に技術援助と資金援助を申し入れ、それから八年におよぶ補完協業が始まった。

その後、カルロスは教授の地位のままでシンメトリックスという自身のベンチャー企業を立ち上げた。いわゆる大学内ベンチャー、大学内起業である。同社にも投資することが決まり、松下グループ、コロラド大学、シンメトリックス社の三者協業ができあがった。

三者の役割分担は、コロラド大学が強誘電体の物性と理論の研究、シンメトリックス社が材料技術と薄膜形成技術の開発、そして松下グループがシリコンＬＳＩ技術と化合物半導体ＩＣ技術の開発である。私たちはこの強誘電体材料技術を駆使することで、高周波高誘電率キャパシタ材料を開発するとともに、携帯電話用ガリウム砒素ＩＣの量産化に成功した。

さらに、本書第四章に登場するＩＣカード「スイカ」に使われるＦｅＲＡＭの開発にも成功している。それに加えて、米国における松下の強誘電体ＬＳＩに関する基本特許も成立させることができた。これまで基本特許に関しては特許料を払うことの多かった日本企業が、将来にわたって大きなロイヤリティ収入を得る可能性も手にすることができたのだ。

このような日米補完協業の実践でわかったのは、アメリカの大学の頭脳がビジネスと大変に近い距離にあるということだった。大学で生まれた新事業のシーズは、間髪入れずにベンチャー企業としてスタートし、ビジネスプランに移る。そのプランに対して、企業などが技術、ノウハウ、研究開発スペースなどの支援を行い、エンジェルと呼ばれる個人のベンチャーキャピタリストたちが資金援助を行う。そして市場開拓、製品の製造と販売が始まり、スタートアップに成功すると、組織化されたベンチャーキャピタルの出資が開始され、将来の株式公開に向けて一気に突き進む。

この一連の新事業立ち上げプロセスは、スピードが非常に速く、その道のりは意外に平坦に見える。日本企業から見るとすべてが新鮮であり、話の早さに目が回るほどだ。

日米補完協業は、以上のプロセスで日本企業が支援企業やエンジェル、ベンチャーキャピタルの役目を果たすものといえる。それだけでなく、さらに踏み込んで事業の成果とリスクをシェアするイコールパートナーの立場でもある。

このような動きを見て、日本でも産学連携を模索しようとする動きが活発になった。しかし、どうしてもアメリカのようにはいかなかった。その理由は、日米の科学技術開発に根本的に違いがあるからだ。たとえばコンピューターのメインメモリーであるＤＲＡＭの特許件数で比べてみると、最盛期の一九八七年では日本の特許数はアメリカの数倍になっていた。

ところが、特許の輸出数で比較すると、日本はアメリカの五分の一でしかない。さらに特許収入を見ると、アメリカは輸出超過の黒字、日本は輸入超過の赤字となっている。

なぜそうなのか。その理由は、日本の特許が生産工程の進化の中で生まれるマニュファクチャリング・オリエンテッドなものであるのに対して、アメリカの特許は原理に近いコンセプト・オリエンテッドなものであるからだ。基本特許であるアメリカの特許はロイヤリティ収入が高く、応用特許である日本の特許はロイヤリティ収入が低い。こと特許で比べれば、アメリカのほうが大きな価値創造を行っているということになる。

そのような結果になったのは、日米の研究開発の姿勢が違っているためだ。アメリカはまず発想し、コンセプトを打ち立て、それに適した戦略を考える。したがってアイデア、設計、ソフトが研究開発の源泉になる。それに対して日本は、観察、解析、分析を研究開発の源泉とする。そのため製造、ハードウェア、品質などの分野に強みを発揮する。だからこそ、日米補完協業が成り立つのだ。アイデアやコンセプトについてはアメリカの頭脳を活用し、それを実用化する過程では日本の技術力を活かす。こうすることが科学技術における開発では最も効率的なのである。私はこの組み合わせこそが、新しい価値を創造するための最適解であると認識した。

「起業工学」への道

私は「日米補完協業」のアイデアを日本とアメリカで何度も発表した。するとアメリカではこのような質問がたびたび投げかけられた。

「日本にだって大学があり、研究を行っているのだから、日本企業は日本の大学とも協業できるのではないか」という至極当然な問いである。

それに対して私は、前述したような西洋と東洋の研究開発の姿勢の違いを理由にして答えた。だがそれ以上に私は、日本の大学に対して不信感を持っていた。日本の大学はアメリカの大学に比べて大きく劣るものではない。創造性についても大きな違いはないと思えた。だが、私の目から見た日本の大学は、「論文至上主義」に陥って道を踏み外しているようだった。せっかく研究費をもらい、研究を進めても、そのゴールが論文という紙で終わっているケースがほとんどに見えたのだ。

大学の学問にもいろいろある。中にはゴールが論文であってまったくかまわない分野もあるだろう。だが、たとえば「工学」という学問においては、理論が実践へと発展し、それを製品という形に変え、市場で販売して利益を出すというプロセスまでを包括する必要があるのではないか。私はそのように考え、一九九九年に「起業工学（アントレプレナーエンジニアリング）」という概念を提案した。そして当時の上司であった松下電器産業副社長の水野博之氏にこれを伝えたところ、映像情報メディア学会において研究会を設立することを勧められた。以下に当時の設立趣意書を引用する。

〈起業工学研究会設立趣意書〉

情報通信技術革命を背景に大きく変革する世界経済のなかにあって、日本の経済や社会には抜本的な構造改革が必要とされている。価値創造の原点が上流にシフトする知識経済・社会へ向けて「企業から起業へ」、「組織から個へ」とパラダイム変換が起こりつつある。映像情報メディア学会に、技術革新との経済、社会構造の変換をあわせて捉える新しい研究領域「起業工学：アントレプレナー・エンジニアリング」を提案し、その研究会の設立を要望する。米国ではすでに、IEEEの中でENGINEERING MANAGEMENT SOCIETYとして、このような概念を包含し、研究会、学会、論文誌の発行など活発な活動がなされている。日本では歴史的、文化的背景から、「個」をベースとした起業という概念の活動や研究が米国にくらべ著しく遅れている。本学会が技術と経営の融合を新しい学問領域「起業工学：アントレプレナー・エンジニアリング」として捉え、学会としての活動を開始することは真に機を得たものである。ここに研究会の設置を提案する。

平成一〇年　初代委員長・加納剛太

それから瞬く間に一〇年の歳月が流れ、私は「起業工学」を内外に広めるべく奔走していた。とくに新設された高知工科大学において、私は教授として存分に「起業工学」のエッセンスを学生たちに伝授したつもりである。

そのころに発刊された『映像情報メディア工学大事典』において、私は「起業工学」の一〇年を次のように表現した。

筆者らが「起業工学」という概念を一九九九年から提唱し、教育並びに研究の実践を開始して本年で一〇周年を迎える。緒についたばかりとはいえ、新しい学問領域として認知され、この大辞典の一編をかざることができるに至ったことは、関係者一同の望外の喜びとするところである。「起業工学」の概念と実践の先鞭をつけられた先達、末松安晴先生（元東京工業大学学長）、水野博之先生（元松下電器産業株式会社副社長）にまずもって謝意を表すとともに、ともに歴史を歩みさらなる未来に向けて努力を惜しまない多くの朋友、本編の著者各位に深甚なる敬意を表したい。

「起業工学」発想の原点は、二一世紀を迎えるにあたって、知識経済へと世界の経済がパラダイム変革しようとする中で、科学技術のあり方を考え直さなければならないというところにあった。「技術革新を基とする技術発展の波動はそれが及ぼす経済発展の波動と同期する」という歴史の事実について研究することは、経済学の一つの大きなテーマとして、古くから議論がなされてきた。また、この技術革新がもたらす技術発展と経済発展の波動の間に同期性をもたらす基本的な要因は、「イノベーション」と呼ばれ、経営学では最も注目されるテーマとして古くから研究がなされてきている。この言葉は当初、「技術革新」として翻訳、解釈されてきたが、二〇世紀後半のＩＴ革命時代には、シュンペーターが最初に提唱した「新結合による新しい価値の創造」と解釈することが妥当とされるようになった。

本編でいう「起業工学」とは、このインベーションの原点を事例から深く学び、普遍的な要因を論じることと定義することもできる。また、イノベーションを結果として現実に至らしめる要因は「アントレプレナーシップ」と呼ばれ、「個の創造性、個の行動力」を中心とする精神的要因に帰するところが大きい。「起業工学」は「アントレプレナーシップ」を論理的、体系的に議論することを目的とした自然科学と社会科学の融合学問領域、すなわち工学、経営学、経済学を中心とした融合学問領域の中で捉えることができる。わかりやすく言えば「起業工学」の意図する研究と実践の学問は、アントレプレナーシップをベースにしたイノベーションから新しい経済価値を創造することを、工学に軸足を置き、経営学、経済学、社会学等の融合的な視点から議論することであると定義したい。

本編の編集にあっては、「起業工学」に携わる多くの有識者、およびそれにつながるアカデミア、産業界の叡智と実践の結果を結集し、一年を越える歳月が重ねられた。未来に向けて本編から多くを学ばれることを期待したい。

高知工科大学名誉教授・加納剛太

「起業工学」に欠けていたもの

オリンパス、タカタ、東洋ゴム工業、東芝、日産自動車、神戸製鋼所、スバル、三菱マテリアル……。少し記憶をたどっただけで、日本を代表する製造業の大手がデータの改ざんや粉飾決算などのごまかしを行い、それが発覚してニュースになっている。

かつて「技術立国」を標榜し、世界に冠たる製造王国であった日本がたった数十年でこれほど落ちぶれるとは、誰が予想しただろうか。また、「電子立国」と叫ばれ、半導体市場で権勢を誇った日本のエレクトロニクス企業は、枕を並べて討ち死に状態である。半導体工場は次々と日本から消え、完全消滅も時間の問題といわれている。家電産業も同様で、自動車と並んで日本を牽引していたころの面影はどこにもない。

私はこれまで二〇年近くもの間、「起業工学」が日本の新しいパラダイムであると力説してきた。だが、その努力が実る前に、肝心の日本の産業が崩壊しつつある。まるで両手ですくい上げた宝物が、指の間からこぼれ落ちていくようだ。

今私が考えているのは、「起業工学」のどこに問題があったかということだ。「起業工学」は産業を正しく牽引するための決定打になるはずであった。そうなる前に前提である日本の産業がおかしくなるとは、まさに想定外としか言いようがない。

最近気がついたのは、「起業工学」に記していなかった大前提のことである。古池さんが第三章で触れている「倫理経営」がそれだ。私は当たり前のこととして特記しなかったのだが、「起業工学には倫理経営が前提である」と書いておくべきだった。私の常識では、企業人、とくに経営者は落ちているお金を拾ったら、迷わず交番に届けるモラルを持っていて当然である。しかし繰り返される不祥事を見るにつけ、今の日本の経営者たちは、落ちているお金を拾ったら黙ってポケットに入れる手合いばかりなのだと痛感させられる。日本人のモラルがメルトダウンを起こしているのだ。

「起業工学」に欠けていたのは「道徳的正しさ」であったことが判明した今、私は次の時代に向けての「起業工学」をどのように起草するべきか、大いに悩む。いくら「起業工学」が自然科学と社会科学の融合した学問領域にあるといっても、道徳をどのように記述したらよいのであろうか。

明治維新後の日本の産業を支えた偉人・渋沢栄一は「論語と算盤」という名言を残した。企業経営は「算盤」すなわち資本主義に基づき利益を追求するだけではダメで、論語のような優れた教えに触れて人格を磨くべきだと説いた言葉である。

渋沢は埼玉の豪農の家に生まれ、幼いころから武士の学ぶ論語を勉強して人格を形成し、有力農家として米や蚕を販売して商業を学んだ。そして明治の世になって五〇〇以上の会社の設立に関わり、「日本資本主義の父」と呼ばれるに至った。渋沢が設立に関与して今も残る大企業は、王子製紙、東京海上日動火災保険、日本郵船、東京電力、東京ガス、帝国ホテル、サッポロビールなど枚挙にいとまがない。

しかし明治期は江戸から続く時代で、人々の道徳意識が低かったとは思えない。江戸時代の日本は、世界に冠たる道徳国家だったのだから。江戸の町を見た外国人たちは、ちりひとつ落ちていない道路や、犯罪の少なさ、人々の公徳心の高さに感心し、盛んに記録に残している。

だが、開国とともに西洋文化がなだれ込んできて、人々の精神が大きく揺らいだ。そのことを渋沢は憂いて著書『論語と算盤』にこう記している。

「維新以前までは、社会に道徳的の教育が比較的盛んな状態であったが、西洋文化の輸入するにつれて思想界に少なからざる変革を来し、今日のありさまではほとんど道徳は混沌時代となって（中略）これは実に憂うべき趨向である。世界列強国がいずれも宗教を有して道徳律の樹立されておるのに比し、独り我が国のみがこのありさまでは、大国民として甚だ恥ずかしい次第ではないか」

つまり明治維新後の大変革期であったからこそ、渋沢はモラルハザードを恐れ、わざわざ「論語と」と強調したのだ。混乱期の日本を精神的に支える思想的バックボーンに論語を据えたのである。

そんな渋沢を、ドラッカーはこんなふうに評価している。

「日本では、官界から実業界に転身した渋沢栄一が、一八七〇年代から八〇年代にかけて、企業と国益、企業と道徳について問題を提起した。のみならず、マネジメント教育に力を入れた。プロフェッショナルとしてのマネジメントの必要性を世界で最初に理解したのが渋沢だった。明治期の日本の経済的な躍進は、渋沢の経営思想と行動力によるところが大きかった」（ピーター・ドラッカー『マネジメント』）

少子化と超高齢化社会が待ち受ける日本では、これから移民政策が避けて通れない道になるといわれている。大量の移民が日本社会に入り込んでくると、間違いなく起こるのがモラルの衝突である。そのときに、日本文化や日本らしさを保持し続けるならば、移民に対する道徳教育が欠かせない。

つまり、そう遠くない将来に渋沢が心配した道徳の混沌状態がやってくるのだ。道徳教育もあわせ持った「起業工学」の再編。それは近未来の日本を救う処方箋となるかもしれない。

日本は経営者を育成してきたか

もうひとつ、「起業工学」に抜けていたものがある。それは、「いかにして優れた経営者を育成するか」という問題だ。

一九九九年、未曾有の経営危機にあった日産の最高執行責任者（ＣＯＯ）に、ルノーの上級副社長であったカルロス・ゴーンが就任した。彼は着任後ただちに「日産リバイバルプラン」を発表し、二〇〇〇年度連結利益の黒字化、二〇〇二年度連結売上高営業利益率四・五パーセント以上、二〇〇二年度末までに自動車事業の連結有利子負債を七〇〇〇億円以下に削減という三つの達成目標を掲げた。そしてこのうち一つでも未達成の場合、経営陣全員が辞任すると約束した。

彼は日産社内に「コミットメント」という文化を導入した。日本語に訳せば「責任を持って関わること」だが、たとえばゴーンから「コミットメントするか？」と迫られたら、その社員は話題となった事項について全力で成果を出さなければならない。

こうしてゴーンは腐りかけていた名門企業に活を入れ、わずか四年で二兆一〇〇〇億円もの巨額の借入金を完済、日産リバイバルプランを前倒しで達成してみせた。その功績でゴーンは日産の社長兼最高責任者（ＣＥＯ）に就任、ルノーの取締役会長兼ＣＥＯ、ルノー・日産アライアンスの会長兼ＣＥＯにも就任するに至った。周知のように二〇一六年からは三菱自動車工業の代表取締役会長を兼務している。

ほかに事例を挙げるならば、シャープが適当だろう。一九一二年に早川徳次が創業した同社は、彼の発明である「シャープ・ペンシル」の大ヒットにより、事業を軌道に乗せた。だが関東大震災で工場を喪失。家族もすべて失った早川は大阪に移り、鉱石ラジオの販売で復活する。

その後は家電業界にあって二流の地位に甘んじていたが、日本で初めて電子レンジを発売。一九六三年には太陽電池の量産を開始するなど存在感を増していった。そして一九六四年に世界で初めて電卓を開発。カシオとの激烈な電卓戦争を繰り広げ、一九七三年には世界初の液晶ＣＭＯＳ電卓を発売する。これが後の「液晶のシャープ」への先鞭をつけた。

だが二〇一六年、極度の経営不振に陥り、台湾に本拠を置く鴻海精密工業に全株式の三分の二を譲渡、同社の傘下となり、日本の大手家電メーカー没落の象徴となった。

ところが鴻海グループ副総裁の載正呉が社長に就任するとあっという間に黒字化を達成してＶ字回復を果たした。債務超過により東証二部に降格されていた指定替えも、わずか一年四カ月という記録的な短期間で東証一部に復帰。マスコミを賑わせた。

載社長の経営改革は、信賞必罰の人事を徹底することと、分社化で経営責任を明確化することだった。年功序列の人事制度を廃止し、ボーナスの幅を成果や営業成績で最大八倍にした。一方で無能な管理職は容赦なく降格させた。そして予算三〇〇〇万円以上の案件は、会議で決定するのではなくすべて社長決裁として経営のスピード化を図った。さらに出張先でもテレビ会議を駆使して社内での求心力を高め、社内に蔓延していた無責任体制、無気力などを一掃した。

この二社のV字回復が示すものは、優秀な経営者さえ据えれば、潜在力のある日本企業ならば復活できるということだ。同質社会である日本では外国人経営者はなかなか受け入れられないが、倒産に瀕したことで「背に腹は代えられない」状況となり、それが短期間での回復につながった。もちろん外国人経営者なら誰でもよいというわけではない。文化の異なる組織を指揮するわけであるから、有能であるだけでなく問題点を察知して最適解を見出し、躊躇なく断行する人でなければならない。日産とシャープはそのような人に運良く巡り会えたということだ。

では翻って、両者は日本人の中から復活を陣頭指揮する経営者を輩出できなかったのだろうか。結論から言えば、できなかったから経営危機に瀕したのである。日本の組織はいったんダメになると下り坂を転がるように滅亡へと向かってしまう。太平洋戦争の戦史を詳しく見ていくと、明らかに司令部の無能によって大きな損害を出した作戦がいくらでも見つかる。過半数の将兵を飢餓と熱帯病で失ったインパール作戦などは、その最たるものである。

古代ローマに範を取れ

日産とシャープの事例が教えてくれるのは、日本復活のためには優秀な経営者を育てる仕組みの構築が急務であるということだ。しかし、没落する大学、疲弊するばかりの大企業にあって、それは可能なのであろうか。

一つのヒントがある。それは人類史最長の栄華を誇ったローマ帝国に範を取ることである。ローマ帝国はその一〇〇〇年を超える繁栄の中で、ローマ市民以外の者を積極的に登用した。その典型的な例が、五賢帝の一人であるトラヤヌス帝である。彼はローマ人だが現在のスペイン・アンダルシア地方の生まれで、属州出身者として初の皇帝になった。彼はローマ帝国の版図を広げることに成功し、史上最大の版図を獲得した。ダキア戦争、パルティア戦争という二度の大戦に勝利したトラヤヌス帝は、孤児院の建設、公共建造物の拡充、元老院議員の資産の三分の一を強制的にイタリア本土に投資させ、本土の繁栄を導くなどの政策で、今なお評価が高い。

ローマ帝国はその歴史において、ローマに従う者を取り込み、拡大を果たしていった。望むものには一定の条件を満たせば市民権を与え、ローマ人として遇した。そして有能な人材を軍隊や官僚機構に積極的に登用した。それが一〇〇〇年の繁栄をもたらしたのである。これは移民政策を前に逡巡している日本人にとって、格好の研究課題ではないか。

実は古代ローマにも現代の日本と同じ悩みがあった。少子化である。それに対して初代皇帝のアウグストゥスは「三人の子持ち法」という法律を作って対処している。同等の二人の人間がいたときは、三人の子を持っているほうを採用するというものである。これに範を取ってたとえば「シングルマザー優先法」などを作れば、日本も活性化できるのではないだろうか。


一〇〇〇年の繁栄を謳歌した後、ローマ帝国は西から瓦解していった。経済が低迷し、政治が混乱する中で、外国人排斥運動が起きたのがその原因の一つといわれている。その当時、ローマの安全を担う軍隊は、大半が外部部族出身者であった。これでは混乱が起きないほうがおかしい。それまで、多様性を重んじ、積極的に外部の人間を取り込んで自分たちの力としていったローマの強みが失われたことで、ローマ帝国は自壊していったのである。

この歴史は、内向きになっている現代の世界情勢と重ね合わせると、とても興味深い。自国のことだけを考え、移民や外国人を排斥していくことは、滅びの時を早めることにしかならない。今こそ私たちは歴史に学び、視野を広く持って長期的な見地から舵取りをするべきである。新しい「起業工学」にはぜひそのことも書き入れたい。私は現在、そう思っている。

もう一度「起業工学」の概念に立ち戻る

それでは、上記のような反省を踏まえて今一度「起業工学」の概念を見てみよう。

起業工学とは、グラフに表すならばタテ軸に社会貢献度、ヨコ軸に時間をとって、左下から右上に成長していくものである。左下の「現在」には、伝統としての技術遺産や文化遺産などがDNAとして存在している。それが成長のための資産である。そして未来に向けて新しい価値を創出することで、右上へと成長することができる。

このとき、成長のエネルギーとなるのは、「起業家精神」「イノベーション」「新しい知の創造」である。どれか一つが欠けても力強い成長は得られない。

そして見逃してしまいがちだが、タテ軸の社会貢献度が重要である。社会に貢献する企業すなわち「世の中から必要とされる企業」でなければ成長ができないのだ。同時に、社会貢献のためには倫理経営、すなわち会社全体の道徳力も重要になる。

第二章で述べられている日本の老舗企業の精神は、「成長より永続を重んじる」というものであった。これを「起業工学」の概念に照らし合わせると、伝統としての技術遺産や文化遺産のDNAを長く世に残し、いつまでも世の中に必要な起業であり続けるという経営姿勢であることがわかる。

ところで、いつまでも必要とされるためには、陳腐化してはいけない。すなわち、永続のためには必然的にイノベーションが要ることになる。日本の老舗企業が掲げてきた「成長より永続」というポリシーは、その中にイノベーションの必要性を包括していたのだ。


高度成長期の日本は、「技術立国」を旗印に官僚主導の護送船団方式で繁栄への道を突き進んだ。それはあの時代には正しく、最も効率の良い方法であったに違いない。だがそれは、オイルショックや為替の変動といった環境の変化で時代に合わないものとなっていった。そのときに優秀なリーダーがいれば、さっと舵を取り新しい進路に向け直すことができただろう。あるいは、船団を解体し、新しいフォーメーションを作ることもできたかもしれない。だが、あの時代の日本にはそれができなかった。

あの時代の「技術立国」に欠けていたもの、それは経営のしたたかさである。円高になったからといって流れに押されるように海外進出するのではなく、円高でも利益の出せる事業形態にすることは考えられなかったのか。バブル期に競って不動産を買いまくった経営者たちは、どんな長期的戦略にもとづいてその決定を行ったのか。失われた二〇年の間に逼塞していた企業たちは、その間にどんなビジョンを練っていたというのか。

もしもそこに老舗企業の知恵があったなら、日本の産業界はこうまで惨めな立場に追いやられることはなかったのではないだろうか。

「日台補完協業」というプラン

今の日本は、戦死者こそ出ていないが「第二の敗戦」とも呼ぶべき状況である。東芝が、シャープが、パナソニックが青息吐息となり、産業全体でどれほどの資産価値を失ったか計り知れない。かろうじて自動車産業が気を吐いているために日本は沈没しないでいられるが、来たるべき電気自動車の時代になったら、それも楽観できない。

そこでわれわれ日本人はどうすればよいだろうか。座して明るくない未来を待つのか、それとも何らかの処方箋を手にして行動するのか。覇気のある者なら、後者を選びたいに違いない。

そこで私が提案したいのは、「日台補完協業」という戦略である。台湾は近隣国で最も親日の地域であり、生産拠点として中国を背景に持っている。韓国と違って日本統治時代に好印象を持っており、付き合いやすい。そして、この章で述べた「日米補完協業」と同じく、お互いの強みと弱みがうまく補完できる関係である。

ここでのパートナーシップは、日米のときとは違う形となる。日米ではアメリカ発のシーズを日本が育てて形にするという協業であったが、日台では日本発のシーズを台湾が形にする。そして全世界に売り込む役目も台湾が果たす。日本の出番は、製造技術や細かい仕上げ、製品の改良アイデアなどである。

たとえば台湾のエイサー、ＡＳＵＳといったパソコンメーカーは、すでに日本のどのメーカーよりも規模が大きい。彼らは矢継ぎ早にコストパフォーマンスの高い製品を市場に送り込み、日本メーカーの出る幕をなくしてしまった。だが、日台の製品を両方使った人ならわかると思うが、台湾製品はまだ粗い。電源ケーブルや電源アダプターは大きくて重く、携帯に不便である。そのあたりを日本のメーカーがリファインしてやれば、世界シェアの取れる製品が作れるはずだ。

日本人は中国人にどう対応してよいのかわからないでいる。中国は最初はにこにこしているが、朝令暮改で法律や政府の方針が変わるし、技術を吸い上げるだけ吸い上げたら、ある日突然に資産を没収されて放り出されたりする。「もう中国はこりごりだ」と語っている日本人の進出企業は多い。

台湾をパートナーにすれば問題は解決する。台湾人は世界で一番中国人を上手にコントロールできる人々なのだ。たとえば鴻海精密工業は中国の九都市に一三の工場を展開しており、深圳○○○○五七三三にある最大の工場は三○○○○平方メートルの規模である。八○万人の従業員のうち、五四万人が中国で働いている。日本企業にはこういうまねはなかなかできない。

この鴻海の参加となったことで、シャープは見事にＶ字回復を果たした。もちろん共通点があるといっても、基本的に文化が違うのだから意見の衝突はあるだろう。だが、背景にイデオロギーや宗教、人種間憎悪などがなければ、意見の違いは多様性として吸収できるはずだ。

私は、日本の若者にどんどん台湾へ留学に行ってほしいと思っている。そのほうが、日本の大学に行くよりもよほどエキサイティングだ。そうして日台の架け橋となる人材がたくさん出てくれば、日本の閉塞状況を打開するイノベーションも生まれてくるはずだ。

第七章

ディープ・イノベーションとスマートシティ

カルロス・アラウジョ

ＡＩが人間の仕事を大きく変える

ここまで、ディープ・イノベーションの考え方や背景、そして具体的な事例を掘り下げて記述してきた。中には読者のみなさんにとって少々難解な話もあったと思うが、それらがどのようにして社会の進歩に貢献したかを説明するために必要なことだったので、ご理解いただきたい。このような話の進め方は、人間社会の進歩や生活環境のＱＯＬ（生活の質）の向上のために、イノベーションがどのような利便性をもたらすかを考えるには、どうしても避けて通れないのである。

さて、本章の目的は、前の章までに述べたことを反芻しながら、「ディープ・イノベーション」がいかに社会を根本から変えてしまうかを示すことにある。

第一章では、技術の進歩と人間の生命、知識、生活の関係を述べた。もし、今後技術がさらに進歩して、人間が努力しないでも多くの欲望を達成できるようになったとしたら、教育や科学の現場、経済活動などは一体どのようなものになるであろうか。私自身の個人的な興味としては、ＡＩが労働を完全にサポートするようになったとき、若い人たちはどのようにして意義のある仕事を見出し、学ぶのかを知りたいと思っている。そんな時代になったら、われわれ教員は何を指導することができるであろうか。

いずれにせよ、「仕事」という概念は、そう遠くない未来に劇的に変化してしまうだろう。

何世紀もの間、知的労働は肉体労働と明快に区別できた。そして教育は、知的労働を目的とする職業に就くことを前提に、選別された人たちに限って与えられた。

このような考え方のもとでは、農民は医者や法律家とは異なる位置づけにあった。しかしながら現代では、農民といえども自分たちの仕事の効率を上げるために、科学や技術を身につける必要がある。また、ロボットや他の自動化機械が、これまで農民たちの義務であったきつい仕事を代わってやってくれるようになってきている。

一方で、医者は医者としての仕事を、科学的により深いレベルまで追求していかなければならない。たとえば、分子生物学やＤＮＡベースの療法を学ぶためには、まるで研究者のような基礎学問が必要になる。そんな医者のかたわらで、ロボットがあらゆる面で求められる機械的な医療実務を実行するようになる。

法律家は、これまでの仕事のやり方を考え直さなければならなくなるだろう。なぜならＡＩがたいていの法律家の仕事を代わりにやってくれるようになるからだ。記憶している法律知識を総動員して、論理的な戦いを展開するという仕事は、どう考えても人間に勝ち目はない。せいぜいできることは、ＡＩを有能なアシスタントにして法廷戦略を練るくらいだろう。

そのほか、第二次世界大戦後の経済成長を支えてきたサービス関連の仕事も消えていくことになるだろう。すでに大量の物流や配送の現場であるアマゾンやアリババでは、仕事の現場が急速にロボット化されていくところを目にすることができる。

これは良いことなのだろうか、悪いことなのだろうか。

もしかするとこのような進歩は、人間の生活を荒廃させてしまうかもしれない。

あるいはもしかすると、人間がきつい肉体労働から解放され、人間らしい仕事を選ぶ時代が来たのかもしれない。

その答えは、簡単には出てこない。

少なくとも言えることは、人間はより良い生き方を望み、常に学習し続けて生き残ろうとするということである。

四つの産業革命

第五章で私がケーススタディとして紹介した不揮発性メモリーＦｅＲＡＭ開発のストーリーは、世界経済フォーラムの会長であり、世界的に有名な経済学者であるクラウス・シュワブが指摘する「第四次産業革命を可能にする基本的な技術の創出」そのものである。

シュワブの指摘によれば、第四次産業革命はそのスケールと視野の広さにおいて、またその複雑さにおいて、これまで人類が経験してきた産業革命とは明らかに異なっている。この革命を支配する技術は物理的、デジタル的、そして生物学的に融合されており、その開発には技術以外のあらゆる学問分野である経済、産業、政治、そして究極的には人間性までもが含まれている。

それではここで、第四次産業革命に至る技術の歴史を振り返ってみよう。

第一次産業革命は、英国における一七八四年の蒸気機関の発明に始まり、自動織機が産業として普及して頂点を迎えた。その約一〇〇年後の一八七〇年、第二次産業革命が起きた。それはアメリカのシンシナティ州で発明された工場ラインが発端となった。アダム・スミスの「労働の生産性」というコンセプトを具現化した生産ライン。それが発明されたことで、製造現場の風景が一変した。これに関する著書が、有名な『国富論』である。

一九六九年に、最初のプログラマブル・ロジック・コントローラー（ＰＬＣ）が発明された。これが第三次産業革命の始まりである。この時代は、エレクトロニクスの進化を通じてさらなる製造現場の自動化が促進された。新しいレベルのオートメーションによって、生産性は飛躍的に向上したが、生産過剰によって米国における経済はスタグネーション（景気停滞）を起こし始めた。

やがて、サービス部門と零細ビジネス部門が成長の柱になっていった。そして、たくさんの新しい産業が創出された。新しい学問分野が生まれ、より高い知識ベースの技術が新しい時代のシーズとなって育っていった。

スマート・カード開発の歴史

ＰＬＣが発明されたのと同じころ、インテルが最初のマイクロプロセッサーを生産開始した。そして一九六八年にヘルムート・グレトルップとユルゲン・デスロフが自動ＩＣチップ・カードのコンセプト発明し、一九七四年にはカルロス・モレノがメモリー・カードのコンセプトの特許を取った。スマート・カードの息吹である。

最も重要なスマート・カードの特許は、カードの中にマイクロプロセッサーとメモリーを含むものであった。一九七六年にデスロフが出願し、一九七八年に成立している。

そして一九七七年にハネウェル・ブルのＭ・ウゴンが最初のマイクロプロセッサー内蔵スマート・カードを発明した。翌年、彼はセルフ・プログラム可能な1チップマイクロプロセッサー（ＳＰＯＭ）の特許を取った。その三年後、モトローラー社がこの特許を使用した有名なカード・アーキテクチャー「ＣＰ8」を開発した。このユニットはシュルンベルジェ社が購入したが、このとき以来、「チップ・カード」は世界標準になった。

私たちのディープ・イノベーションの物語は、第五章および第六章で述べてきたが、そのスタートはあらゆるスマート・カードに使用される不揮発性メモリーの本質的な課題から始まった。初期のカードに使われていたのはＲＯＭ（読み出し専用メモリー）であった。その後、ＥＥＰＲＯＭ（電気的に書き換え可能なメモリー）が開発されて、マイクロコントローラーとメモリーチップがカード内に実装され、残金の加減処理の実行などが可能となった。これらの回路は他のチップとともにプラスティック基盤の上に実装された。電源は外部からの接続によって供給されるものであった。

スマート・カードによって与えられた利便性は、メモリチップの基本特性に依存するところが大きい。読み書きに要する時間、劣化特性、耐熱温度やセキュリティなどが、ＥＥＰＲＯＭ内蔵カードやフラッシュメモリ内蔵カードの実用範囲を決めていた。

より利便性の高いカードを開発するためには、読み書き時間の短縮、いつまでも劣化せずに安全に動作すること、低消費エネルギー、外部接続なしで動くことなどの実用化が求められていた。これらをすべてクリアしてワンチップ化することが、なかなかうまくできなかった。特に、交通関係の用途で使用する場合は交信時間（金額の計算、ＩＤチェック、セキュリティチェックなどの処理時間）は三〇マイクロ秒以下という厳しい条件が課せられていた。

これは、メモリ動作の基本に戻って考えなければならない重大問題であった。もはやＥＥＰＲＯＭやフラッシュ・メモリーではクリアするのは容易ではなく、これらとは動作原理の異なるメモリーが必要とされた。

多くの人は、イノベーションはアイデアからスタートすると信じている。確かに多くの場合、それは正しい。しかしながら、ディープ・イノベーションの場合は、要求のレベルが深いために、単なるアイデアだけで解決できるものではない。

この場合は、発見、発明、そして目的にフォーカスされた課題への応用などのすべてが必要である。私たちのメモリーFeRAMの場合も、新しい現象が必要であった。材料の制御、デバイス物理学、微細加工による製作、新しい回路技術、新しい実装技術、特別なソフトウェアとミドルウェア、新しい集金システム、マルチプラットフォーム（たとえば電車、バス、自動販売機、クレジットカードでのやり取りなど）そして、電子マネー社会における利便性への長期のビジョンなどである。

FeRAMの場合は、幸いなことにユーザー企業であるJRがビジョンを持っていた。そのためシンメトリックス社とコロラド大学が基礎研究を担当し、回路設計とミドルウェア、マイクロファブリケーションはパナソニック社といったように、世界レベルでの産学官の連携がうまくなされた。

ちょうどこの連携チームが懸命にやっているときに、ビル・ゲイツが、マイクロ・ソフト社で「スマート・ウォーレット」を開発していると発表した。そして、それは、「ビル・ゲイツ・スマート・カード」と呼ばれるようになった。マイクロソフトは実際に、カードのOSを開発して電子マネーの実現を可能にしようとした。

だが、それほど間を置かずにマイクロソフトはスマート・カード事業から撤退することになった。高速なスマート・カードの動作を実現することができなかったためである。課題解決に対する基礎研究への探索をしなかったためで、ディープ・イノベーションへの認識不足を示す例である。

当時、アメリカは新しい応用技術を創出するシステムをアウトソーシングしていた。これは、半導体産業成長期に、アメリカが創造的な部品を用いた新しい製品を売り出していくことに注力していたのと対照的な状況であった。

JRのスイカに使用されたFeRAMが大量に実用化されるようになったことは、ディープ・イノベーションの意義を社会に示し、大きなインパクトを与えた。現在すでに一〇億個以上のチップが市場に出ているが、信頼性が高く、品質劣化による不具合の発生などもない。FeRAMは、社会において水や電気に対するスマートメーターや、各種産業用のマイクロコントローラー、システム・オン・チップ（SoC）などとしてその用途を拡大しており、第四次産業革命といわれるスマートシティのキー・コンポーネント、キーシステムとして社会貢献を果たすものと期待されている。

この第四次産業革命のスマートシティにおけるもうひとつの重要な役割は、ＣＰＳ（サイバー・フィジカル・システム）への応用である。ナショナル・サイエンス・ファウンデーション（ＮＳＦ）のヘレン・ギルは二〇〇六年に、ＣＰＳに関して次のように述べている。

インターネットを通じて人々にいろいろな情報が飛び交う仮想空間で、ＣＰＳは人々が技術的なシステムと情報の交換ができるような方法を提供してくれる。ＣＰＳはセンシング、計算、制御、さまざまなものに対するネットワーキング、すなわち、すべてのもののインターネットへの接続と相互の情報交換を可能にすることである。

ＮＳＦはこのＣＰＳがを現実的な役割を果たすべく、基礎知識と道具の進化をサポートすることにおいてリーダーとなることを目指している。この進化とは、私たちの社会を活性化し、詳細化し、信頼性の高いそして効率の良いシステムを実現することであり、「スマート・デバイス・システム」、すなわち、スマートカーからスマートグリッドなどを備えたスマート・シティを作り上げることである。それは、今すぐにでもに必要なことである。

ＣＰＳの核となる「魂」はＩｏＴ（Internet of Things）であり、ＩｏＴの「魂」はＳｏＣの中の不揮発性メモリである。つまりＦｅＲＡＭはスマートシティのあらゆるところで必要とされる要素技術なのである。

だからこそ、スマート・カードの発展がたどってきた歴史と道には、多く学んでおかなければならない示唆があるのだ。

スマート・シティマーケットのリーダーは？

ＦｅＲＡＭ開発の長いストーリーで、その中に潜んでいたビジョンとリスクを理解できる人は少ない。ここではパナソニックが取ったビジョンとリスク、水野のリーダーシップ、加納のグローバルなビジョン、古池の技術に対する経営判断などを歴史の事実として明記しておきたいと思う。また、さらに大きなビジョンと実践へのリスクに挑戦したＪR椎橋の貢献は、スマートシティ時代の礎を築いたものとして、歴史に明記されなければならない。

これまでに述べてきたように、ＦｅＲＡＭはアメリカで私が発明し、日本で完成された。ディープ・イノベーションという考え方は、アカデミックな研究においてアントレプレナーシップとは何かという視点から生まれたものである。私たちが研究をスタートした一九八五年ころには、このような考え方はほとんど存在していなかった。

日本の巨大企業パナソニックとアメリカの大学で生まれた零細スタートアップ企業が結ばれた。まったく非対称的な形の組み合わせではあったが、数十年もかけて大きな革命的な成果を生み出したという事実は、新しい国際協力のあり方、イノベーション、特に、これからのディープ・イノベーションのあり方として特記しておきたい。

ディープ・イノベーションにあっては、多様な価値観が必要であり、多様な視点で動きの速い戦略的なビジョンを共有し、相互に尊敬と信頼のできるチームでの協働が大切である。それは若い起業家のハングリー精神を活かすということに尽きるかもしれない。このことは本書が指摘したい一番のポイントである。もう少し一般化して言うならば、イノベーションというものは、科学的なブレークスルーと技術的な課題解決という一般的な必然性を求める。これらを公式化することは極めてやさしいことかもしれない。

協働する小企業は焦点を絞って戦略化し、明確化する。他方の大企業はファイナンス、実践、経営、マーケッティング、グローバル化などを担当する。この体制が、ディープ・イノベーションを未来にブリッジさせる。基礎科学のさらなる深化、現存技術の再整合、技術の具現化への方程式ということができる。

ＦｅＲＡＭはＩｏＴに必要な性能を持つ優れたメモリーであるが、ＩｏＴやスマートシティではもっと厳しい要件が求められる。より低電力、高速度、耐熱性など、物理的にまったく原理の異なるメモリーが要求されている。

レジスティブ・メモリー（ＲｅＲＡＭ）の研究は二〇〇〇年ころから始まったが、商品化は難しいとして実用化への開発は進んでいない。しかしながら、シンプルな構造とスケーリングが容易であるという特徴があるため、このＲｅＲＡＭの欠点を解消できる方法がないかといろいろなアプローチから研究を深め、シンメトリックス社は二〇一三年にそれを克服する方法を発明した。ＣｅＲＡＭの誕生である。その詳細は、第五章で述べた通りである。

ＣｅＲＡＭに関して、シンメトリックス社は徹底的に特許を固めた。そして、このＣｅＲＡＭに興味を示してきたのが、モバイルのマーケットで九五パーセントのシェアを有する英国のＡＲＭ社であった。私たちはＡＲＭ社と提携し、ＩｏＴそしてスマート・シティの市場を目標に動き出した。第四次産業革命の最も基本となる技術が手中に収まったのである。

偶然にも二〇一七年、日本のソフトバンク会長の孫正義氏が同社を所有することとなった。第四次産業革命のビジョンは国際的に高名なビジョナリストである孫正義氏の眼にとまることを避けることはできなかった。

これまでの産業革命のときと違い、第四次産業革命は製造のあり方などに大きな違いがある。そして、科学が高いレベルにまで引き上げられているため、次の産業革命につながるスピード感がある。新しい社会へのイノベーションと変革には何兆ドルもの大きな資金が動く。日本はここ数年、半導体産業を失って元気がない。だが孫氏の動きだけでＳｏＣのポジションを捉え、Ｉｏ

T、スマート・シティマーケットのリーダーシップを取ることも可能かもしれない。

結論として、イノベーションはアイデアや応用によって問題を解決するとき、柔軟に考えられる手段であることは明白である。楽観的に見ることも必要で、科学、技術、ビジネスをうまく融合させることによって、人間性やQOLをより良くすることができるのだ。

おわりに

本書ではさまざまな角度から、ディープ・イノベーションという概念を解説した。ますます複雑化し多様化する世界にあっては、真に深い科学的ブレークスルーだけでなく、それを具現化していく産業界の経営革新や、その背景をしっかりしたビジョンで支える社会の構築が求められる。本書はそのための考え方や、具体的な事例を盛り込んだ一冊になったと思う。

事例を紹介する章では、日本の大手企業（パナソニック）と米国の研究機関（コロラド大学）、さらに同大学をベースに誕生したベンチャー企業（シンメトリックス）のユニークな協力体制によって生み出された新しい不揮発性メモリーFeRAM、そして社会に対して強力な力を持つシステム・インテグレーター（JR東日本）がそれを利用して生み出したスイカという新しいスマート社会の中心技術を紹介しながら、その背景にある開発ストーリーを明らかにした。

あるイノベーションが世に出るまでのストーリーは複雑に見えるかもしれないが、根本的には極めて単純である。すなわち、社会が求める課題が適確に示され、科学的なアイデアと優れた技術スキルが調和したときに、初めて真のイノベーションであるディープ・イノベーションが達成されるということなのだ。その根底にあるのは、「新しい価値を創造する」という共通の認識である。

「Seeing is Believing：百聞は一見にしかず」ということわざがある。珍しく西洋と東洋で同じことを言っていることわざである。しかしこれは、ディープ・イノベーションの見地からは否定せざるを得ない。「見なければ信じない」という考え方や姿勢は、創造性やリスクテイク、成功のための情熱や強い意欲を削いでしまうからだ。

私たちはその逆で、「Believing is Seeing：信ずれば通ず」という言葉を提唱したい。挑戦しようとしている夢が難しければ難しいほど、自分の技術を、思いを、目的を信じることが先だ。とにかく信じて先に進むという態度こそがディープ・イノベーションには必要だと思う。

一八世紀フランスの偉大な哲学者にして数学者・物理学者であるダランベールは、百科全書派の中心人物で、力学における「ダランベールの原理」で知られた人物である。彼は教え子たちにいつもこのように言い聞かせていた。「まず進め。すると信念が生まれ、それが結果をもたらす」と。

また二〇世紀イギリスの詩人W・H・オーデンは「Leap before you look：見る前に跳べ」と

言った。日本の小説家・大江健三郎はそれをそのまま自著のタイトルにしている。この言葉もまた、古くからのことわざである「Look before you leap：転ばぬ先の杖」を反転させたものだ。

まもなくCPS（サイバー・フィジカル・システム）全盛の時代がやってくる。ITの進歩が生み出すサイバー世界が実世界と統合され、AIとIoTの活用であらゆるものがコンピューターに接続される世の中になるのである。これからのイノベーションの大半が、CPSの中で、CPSを前提として生まれていくはずだ。

そこで最も必要になるのは、ダランベールやオーデンの、さらには私たちの言葉である。ゆっくり考える前にまず行動し、何でもいいから何か結果をつかみ取るのである。するとその先に、予想もしなかった展開が待っている。このことはこれから社会で活躍する若い人たちに、とくに肝に銘じていただきたい。

ディープ・イノベーションは、旧来の産業に新しい価値をもたらし、教育を改革し、人類の生活を根本から変革するものである。それにより無駄な労働から人間を解放し、これまでよりももっと自由が尊重される世の中になる。その過程で従来の仕事が失われたり、変化に対応できない企業が市場から退場するような事態もあるだろう。だがそれは悲劇ではない。東洋の思想である「諸行無常」のひとつの姿に過ぎないのである。

人類は幾度にもわたる産業革命を通じて、さまざまな場面の「自動化」を進めてきた。その結果、人類のＱＯＬ（生活の質）はかつてないほどに高められている。現在の私たちは、その産業革命の歴史における前半の最終節にいるのかもしれない。これから始まる次の節目が中盤なのか後半なのかは知るよしもないが、いずれにせよ次の時代でリーダーになりたければ、絶対にディープ・イノベーションは欠かせない。

そのことを指摘して、本書のまとめとしたい。

二〇一八年一月二〇日

加納剛太　カルロス・アラウジョ　古池　進

【編　著】
加納剛太（元松下電子工業常務、高知工科大学名誉教授）

【著　者】
カルロス・アラウジョ（コロラド大学コロラドスプリングス校教授・
シンメトリックス社会長）

古池　進（元パナソニック代表取締役副社長）

椎橋章夫（JR 東日本メカトロニクス代表取締役社長）

ディープ・イノベーション
——起業工学が開く人類の新たな地平——

2018年2月15日　第1刷発行

編　著　加納剛太
著　者　カルロス・アラウジョ
古池　進
椎橋章夫
発行者　坂本喜杏
発行所　株式会社冨山房インターナショナル
〒101-0051
東京都千代田区神田神保町1-3
TEL 03(3291)2578　FAX 03(3219)4866
http://www.fuzambo-intl.com
印刷所　株式会社冨山房インターナショナル
製本所　加藤製本株式会社

ISBN 978-4-86600-046-6

日本復活の鍵　起業工学

加納剛太監修

日本社会の閉塞感を打破する画期的なイノベーションはどうしたらうまれるのか？ノーベル賞受賞者ほか泰斗が説く日本復活の処方箋。よみがえれ日本のものづくり！

一六〇〇円（税別）

和の人間学
――東洋思想と日本の技術史から導く人格者の行動規範

吉田善一著

何を本当によい思想として選び、それを行動規範としてどのように身につければよいのか。現代の社会や科学技術に役立つ日本的人間力を探究する。

一八〇〇円（税別）

企業研究者のキャリア・パス
――物づくりのリーダーへの道

吉田善一著

「ものづくり」を志し、技術者の道を進む読者へ。研究開発のプロとして三十年の研究歴を持つ著者の実体験に基づいたキャリアガイド。

一五〇〇円（税別）

情報ということば
――その来歴と意味内容

小野厚夫著

「情報」ということばが日本で造語されてから日本語として一般化し、定着するまでを中心に、「情報」ということばがどのように使われてきたのか、その履歴をたどる。

一六〇〇円（税別）